꼬마 달마의 마음수업

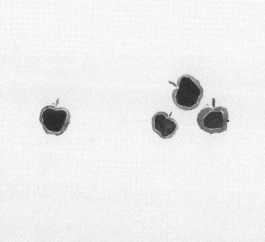

꼬마달마의 마음수업

선불교를 만나는 행복하고 특별한 시간

이지형 지음

청어람미디어

ㅇ 차례 ㅇ

···

달마는 어디로 갔을까?

대륙이 남과 북으로 나뉘어 혼란스럽던 6세기 초반, 달마라는 구도자가 홀연히 중국에 나타났다. 달마는 스스로 보살을 칭하던 남쪽의 황제와 불교의 진리를 놓고 한바탕 설전을 벌인 뒤, 곧바로 양자강을 건너 북으로 갔고, 숭산 소림사 뒤편 동굴에 틀어박혔다.

그로부터 9년, 그는 고요하게 면벽의 수행을 했다. 태산 같은 침묵으로 벽만 쳐다보고 있는 게 달마의 일이었다. 그는 수많은 불교의 경전에 대해서 별 말이 없었고, 불교의 진리에 대해서도 그렇다 할 설명을 내놓지 않았다.

다만 면벽 9년째 되던 어느 날, 한 수행자가 자신을 찾아와 "제발 마음을 평안하게 해 달라"고 읍소했을 때 "그럼 그 마음이란 걸 내놓아보라" 한마디 했을 뿐이다. 그런데 대륙의 정치적 혼란 같은 것에 대해서라면 무용할 수밖에 없었던 그의 한마디가, 대륙의 정신적 혼란을 수습하는 데는 특효였다. 선(禪)의 이름으로 그를 추앙하는 이들이 생기더니, 불과 100여 년 후에는 대륙의 정신세계를 석권하기에 이른다.

그런데 이런 기인들의 행적이 종종 그러하듯, 달마의 최후는 어느 정도 베일에 가려져 있다. 9년 면벽을 끝낸 얼마 후, 그는 피할 수도 있는 독살을 자신의 것으로 받아들이고는 추종자들에 의해 무덤에 안치되었다. 그런데 얼마 지나지 않아, 지팡이에 짚신 하나를 걸친 채 태연히 히말라야로 향하는 달마의 모습이 목격되었다. 무덤에 나머지 짚신 하나가 남아 있었음은 물론이다.

그는 혼란의 시대에 그렇게 벼락처럼 왔다가 바람처

럼 사라졌다. 그리고 지독한 혼란 속에서도 마음의 평화를 찾을 수 있음을, 문자를 여읜 자기만의 방식으로 보여주었다.

그 후 그는 어디로 갔을까?

히말라야를 넘어 페르시아를 지나 아라비아로 갔을까? 알아보는 이 없는 지중해의 어느 바닷가 은신처에서 또다시 면벽 수행 중인 것일까? 아니면 그곳이 어디이든, 혼란과 방황이 끊이지 않는 인간 세상 속을 끊임없이 소요(逍遙)하고 있는 걸까?

그러나 머리 싸맨 채 번잡한 추측에 몰두한다고 그를 발견할 수는 없다.

생각을 끊고,
단번에 보라!

마음의 불안을 어찌하지 못해 힘겨워 하는 당신 곁에, 이미 그가 서 있을지 모르니.

부억

"사람들마다 광명을 갖추고 있지만,
일부러 보러 하면 캄캄해 아무것도 볼 수 없다.
자, 여러분의 광명은 어떤 것인가?"

"……"

"부엌과 세 개의 문!"

-운문 문언

그날도 나는 부엌에서 쌀을 씻고 있었다.
매일 20인분의 밥을 짓는 것은 그냥 상상하는 것과는

많이 다르다. 정말, 무지, 힘들다.

말이 새벽이지 아직 해도 뜨지 않은 깜깜한 시간에 일어
나 쌀을 씻다보면 별의별 생각이 다 든다. 그날도 푸념
이 입 밖으로 튀어나오고 말았다.

"절에 괜히 들어온 거 아닐까? 그냥 스트레스 받아도 도
시에 편하게 있을 걸……."

: 조그만 암자

절, 그것도 깊고 깊은 산골짜기 조그만 암자로 들어
온 지 벌써 한 달이 지났다. 그리고 그 한 달 동안 나는
밥만 지었다. 오로지 쌀 씻고 밥만 안쳤다. 절에 들어
오기 전에는 수시로, 편하게 보고 지내던 큰스님도 딱
한 번 뵈었을 뿐이다.

'나도 깨달은 이의 대열에 끼고 말리라' 크게 결심한
후 짐을 싸 들고 온 나에게 스님은, 암자에서 아래로
꽤 떨어진 대웅전에 내려가 삼천 배를 하고 오라고 했
다. 물론 못 채웠다. 몇 번이고 거의 실신할 지경에 이

르렀지만 삼천 배는 끝내 포기하고 말았다.

온몸이 쑤시고 정신은 없었지만 겨우 반나절 쉬고 이곳 암자로 올라왔고, 다음날 새벽부터 그 놈의 밥만 지었다. 아니 땔감을 마련했고, 반찬으로 쓸 산나물을 캐 다듬기도 했다.

'이건 무슨 구닥다리 홍콩 무술 영화도 아니고…….'

맞다. 꼭 그런 상황이었다. 무술 배우러 들어온 제자에게 아무런 설명도 없이 물지게만 들입다 지게 하는 영화 속 술 취한 사부처럼, 절의 살림을 맡은 원주 스님은 다짜고짜 암자의 부엌일을 시켰다. 아니 부엌일만 시켰다.

그런데 이건 너무 심하다. 나는 지칠 대로 지쳤다. 삼천 배의 후유증이 채 아물기도 전에 또다시 부엌에 내내 쭈그리고 앉아 있어야 했으니까. 쌀이고 뭐고 일단 숨부터 돌려야겠단 생각에 나는 그날 부엌문을 발로, 되도록 세게 차고 바깥으로 나갔다. 별빛과 달빛만 있을 뿐, 해는 뜰 생각이 없다. 언제부터인지, 아마도 외롭고 답답해서였겠지만, 생각으로 할 것을 말로 내

뱉는 습관이 생긴 것은 암자에 머물고 며칠 지나지 않았을 때부터였다. 그날도 역시 생각이 곧바로 입으로 튀어나왔다.

"에이, 그냥 이대로 튀어버려? 있어봐야 밥만 지을걸. 선이고 불법이고 일단 튀고 보는 게 아무래도 인생에 도움이……."

그러나 그래봐야 말뿐이다. 길도 안 보이는 시간에 깊은 산중을 무사히 벗어날 재간이 나에겐 없었다.

우유부단이야 하루 이틀 일이 아니었다. 분노와 격정(이 와중에도 제시간에 밥을 못 차려냈다는 원주 스님의 꾸중이 두려웠으니)이 뒤섞인 채 어쩔 줄 몰라 서성이다가 부엌으로 다시 들어갔다. 그런데…….

: 동자승

부엌에는 웬 꼬마, 그러니까 승복 차림의 어린애가 떡 하니 앉아 있는 것이었다. 물론 처음엔 깜짝 놀랐고, 그렇게 내가 놀랐다는 사실이 나를 화나게 했다. 짜증 섞인 목소리로 소리를 버럭 질렀다.

"너 뭐니?"

열 살이나 됐을까? 부뚜막에 비스듬히 앉아 있던 꼬마가 정말로 전혀 놀라지 않은 표정으로 고개를 문 쪽으로 돌리며 대답한다. 아니, 그냥 제 할 말을 천천히 한다.

"밥 안 해?"

절에 들어온 지 1주일 정도 지난 상태였다면 나는 그게 무엇이든 다 참았을 것이다. 수행하러 온 마당에 어떤 분노도 삭일 수 있는 마인드가 돼 있었을 테니까. 그러나 그때는 심히 유감스럽게도 그렇지가 않았다.

"야, 꼬마. 빨리 꺼져. 뭐? 밥 안 하냐고? 그래 밥 안 한다. 이게 정말……."

꼬마는 여전히 슬로모션으로 움직이며 침착한 어조로 답할 뿐이다.

"밥 하는 게 자기 일이면서 어디를 튀려고 해. 스님들, 오늘 다 밥 굶길 거야?"

이건 뭐지? 내가 잠깐이나마 산사를 뜨려고 마음 먹었던 걸 어찌 알았을까? 꼬마를 유심히 쳐다봤다. 짙은 눈썹에 깊고 검은 눈이 부리부리하다. 어린애가 왜 이

렇게 생겼을까? 뭐랄까, 어떤 신령스러운 기운이 느껴지는, 아주 특이한 아이였다.

그 아이 앞에서, 나는 나쁜 일 하다 걸린 것처럼 금세 기가 죽고 말았다. 성질을 누그러뜨리고, 아니 누그러뜨렸다기보다 전의를 상실한 채로 소심하게 물었다.

"밥은 네가 걱정할 일이 아니고, 너 어디 묵는 동자승이니?"

여기까지 묻다가 다시 화가 치밀어 올랐다.

"아니 그것보다 이름이 뭐야, 너?"

꼬마는 노려보던 눈에서 힘을 빼더니 툭 한마디를 던졌다.

: 꼬아달아

"나, 달마."

음, 달마라……. 이번에도 '그래, 너 달마해라'라는 말이 튀어나올 뻔했지만 그건 좀 아닌 것 같아 참았다.

그래도 아닌 건 아니다. 꼴에 법명이라고, 달마?

"그래, 너 달마 맞아. 그런데 네가 달마면 나는 석가모니 부처다, 임마."

"그래, 아주 좋아. 무릇 발원을 하려면 그 정도로 크게 세워야지."

기가 막혔다. 자기보다 스무 살은 많을 나에게 발원(發願)을 하려면 크게 하라고? 그것도 온전한 반말로?

"하하하. 내 참 기가 막혀서……. 야, 너 진짜 이름은 뭐냐? 본명, 아 그래, 말하는 거 보니까 불교에 대해 뭘 좀 배운 것 같은데, 네 속명이 뭐냐?"

"속명? 음……. 보디 다르마,[1] 그게 내 원래 이름이야."

그만 하기로 했다. 이 한적하고 지루하고 짜증나는 산사에서 재미있는 꼬마를 만난 게 아예 싫지는 않았지만 더 이상 잡담을 이어 나갔다가는 정말 밥시간을

[1]   중국에 건너오기 전 달마의 인도식 이름이 보디 다르마(Bodhidharma)이다. 보리달마(菩提達磨)는 보디 다르마의 음을 딴 중국식 호칭이다. 달마를 자칭한 꼬마는, 본명을 묻는 질문에도 달마의 인도식 이름을 댔다.

놓칠 것 같았다.

"그래, 너 보디 다르마 맞아, 꼬마야. 나는 싯다르타이고……. 잘 알겠고, 밥 먹고 싶으면 이따 스님들 공양 마친 후에 다시 오렴. 내가 밥 좀 남겨 놓지."

나는 다시 밥 짓기에 들어갔다. 불을 강하게 한 뒤, 씻은 쌀을 무쇠솥에 담아 밥을 안치는 동안에도 꼬마, 아니 달마는 부엌을 뜨지 않았다. 그러나 밥 안치고, 나물 무치고, 국 끓이느라 정신이 없어 나는 꼬마를 신경 쓸 여유가 없었다.

부엌문을 통해 옅은 한줄기 빛이 들어올 때쯤에야, 식사 준비가 모두 끝났다. 그때 목소리가 들렸다. 꼬마는 아직 부엌을 떠나지 않고 있었다.

"그런데 말이지……."

꼬마 쪽으로 고개를 돌렸다. 꼬마가 말을 이었다.

"부엌일만 잘해도, 부처가 될 수 있을 걸!"

이건 또 뭘까? 부엌일만 잘해도 부처가 된다? 꼬마의 말투는 진지했다. "그래? 너, 정말 달마야?"라고 물어줘야 하나?

‘정말 희한한 꼬마다.’

그런 생각을 하며 나는 꼬마에게 무슨 말이라도 하고 싶었다. 욕이 튀어나올지, 간청의 말이 튀어나올지 나도 알 수 없었지만…….

그런데 갑자기 꼬마는 바람소리가 날 만큼 몸을 휙~ 돌리더니, 밖으로 나가버렸다.

쌀과 모래

"나는 대당(大唐)의 황제요.
어찌 나를 거들떠보지도 않는단 말이오?"
"폐하께서는 허공을 보신 적이 있습니까?"
"그야……."
"허공이 폐하에게 눈짓이라도 하더이까?"
-남양 혜충

다음날도 나는 쌀을 씻었다. 팔을 걷어 부치고 그 지겹
고 지겨운 부엌에 쭈그려 앉은 채 쌀에 섞인 겨와 잡티,

돌을 일구고 있었다.

'그런데 쌀에 무슨 모래가 이리 많냐? 어디 간척지에서 재배했나?'

쌀을 한두 번 씻은 게 아니지만, 이번 쌀은 유독 모래가 많았다. 평소와는 다르게 손이 많이 갔다. 불순물을 솎아내기 위해 다른 때보다 훨씬 여러 번 손을 휘저어야 했다. 그렇게 심드렁한 기분으로 쌀을 이는 중이었다.

🙂 법거량

"이보게, 행자."

올 게 왔구나! 꼬마였다. 행자라니……. 행자가 맞지만 꼬마에게 그런 얘기를 듣고 보니 당연히 어처구니가 없었다. 그렇지만 화 대신 웃음이 났다. 나도 한껏 예우(?)를 갖추어 대답했다.

"네, 스님, 어서 말씀하시지요."

"지금 뭐 해?"

"보면 모르니? 쌀 일고 있잖아, 이 꼬마야."

"아, 네. 그건 알고요. 그런데 한 가지만 물어볼게."

나는 꼬마를 물끄러미 쳐다보며 "그러시든지"라고 말했다. 꼬마는 짐짓, 다른 데로 시선을 돌리면서 물었다.

"모래를 일어서 쌀을 가려내? 아니면 쌀을 일어서 모래를 가려내?"[2]

이건 또 뭐지? 혹시 법거량(法擧揚)? 절에 들어올 결심을 한 마당에 법거량 정도를 모르지는 않는다. 화두를 깨쳐 깨달음에 이르는 게 선(禪)불교다. 그런데 화두를 깨쳤는지 안 깨쳤는지 누가 검증한단 말인가? 경전을 외고 시험을 봐 일률적으로 점수를 매기는 게 아니니 말이다. 불립문자(不立文字), 말을 통하지 않고 전수하는 게 선의 깨달음이다. 그러다 보니 누군가 깨쳤다고 우기고, 사기를 쳐도 검증할 방법이 없지 않은가? 그러니 스승은 제자와의 일문일답을 통해, 그 제자가

[2]   설봉 의존(雪峰義存, 822~908년)이 등장하는 공안의 패러디이다. 절에서 공양주 역할을 하던 설봉 역시 쌀을 씻고 있다가 스승인 동산(洞山, 807~869년)으로부터 질문을 받았다. 모래와 쌀, 어느 쪽을 가려내는 것인가.

진짜 깨우쳤는지 탐색하게 된다. 그 일대일의 긴장된 대화가 바로 법거량이다.

그건 그렇고, 이 꼬마가 지금 법거량을 시도해온 것이라면 마다할 이유가 없었다. 절에 와서 밥만 짓느라, 나도 어느 정도 구도(求道)에 목마르고 허기진 상태였으니까. 그런데 원래 법거량은 틈을 주지 않고 반응을 내야 한다. 나는 이미 틈을 보이고 말았으나, 그래도 비교적 실시간으로 답변을 보내주었다. 어차피 꼬마를 상대로 하는 법거량이라면, 그리 긴장할 것도 없으니 말이다. 점잖게 답했다.

"모래와 쌀을 한꺼번에 가려내지요!"

나는 내 대답이 너무나 만족스러웠다. 선의 기본은 구별을 삼가는 것 아니겠는가? 너와 내가 둘이 아니고, 나와 대상 역시 둘이 아니라는 것, 만물은 모두 하나라는 그런 게 선의 기본 아니겠는가? 모래와 쌀 같은 것 나는 구분하지 않는다 말이다.

나는 우쭐했다. 당황할 줄 알았지, 이 꼬마야? 나, 하나도 당황 안 했다. 그러나 치솟은 나의 기운은 꼬마의 이어진 반박에 급전직하했다.

"그럼 스님들은 뭘 먹어?"

: 밥

나는 고개를 숙였다. 그리고 가마솥 쪽으로 자리를 옮겼다. 풀 죽은 목소리로 나지막이 꼬마에게 말했다.

"나, 밥 안쳐야 된다."

나는 정성스럽게 씻은 쌀을 무쇠솥에 담고 물을 부었다. 쌀 위, 손가락 두 마디 높이로 반투명하게 차오른 물을 확인한 후에야 뚜껑을 덮었다. 그리고 30~40분, 부뚜막 곁에 우두커니 앉은 채 향긋한 밥 냄새가 새어 나오기를 기다렸다.

기다리는 그 시간이 어쩌면 적멸(寂滅)의 순간일지 모른다. 모든 것이 차분하게 가라앉은 시간……. 부뚜막의 장작불과 무쇠솥만이 오롯이 열기로써 교류하고 감응한다. 나는 그 시간을 좋아한다. 깡깡한 쌀이 물기를 머금으며 서로에게 찰기를 부여하는 그 짧은 시간 말이다. 꼬마에게 난데없는 선문답으로 된통 당한 뒤여서인지 적막의 느낌은 남달랐다.

'그럼 스님들은 뭘 먹냐고? 그렇지 모래와 쌀을 다 걸러내버리면 밥할 쌀도 없지. 잘났다 꼬마야.'

속으로 구시렁구시렁 푸념하는 사이 솥뚜껑은 바짝 마르고, 고소한 밥 향기가 피어오르기 시작했다. 그때 조용하던 꼬마가 다시 툭, 한마디를 던진다. 너 아직 거기 있었니?

"오늘은 밥 얼마나 지었어?"

"뭘 얼마나 지어? 매번 똑같이 20인분이지."

"모자라지 않을까?"

"모자란 적 없다. 밥 안 먹는 스님도 있고……."

"그런데……."

"맨날 뭐가 '그런데'야? 언제나 밥 안 먹는 스님 몇은 있다니까……."

다시 심상치 않은 느낌이 들었다. 이 꼬마는 아무것도 아닌 대화를, 꼭 무언가 있는 것처럼 발전시키는 희한한 재주가 있었다. 쌀 씻을 때 나를 당황스럽게 했던 그 이상한 말처럼 말이다. 퉁명스럽게 대답하자마자 약간 긴장되기 시작했다. 그 찰라, 다시 무심한 듯 내던지는 질문이 날아왔다.

"갑자기 모두 먹겠다고 한꺼번에 덤비면 어떻게 할 건데?"[3]

나는 회심의 미소를 지었다. 꼬마의 코를 납작하게 할 만한 대답이 떠오른 것이다. 열 살짜리 꼬마에게 계속 당하고 있을 이유가 없었다. 산사에 들어와 부엌일 한 지 벌써 한 달이다. 어디 부엌일을 소재로 계속 도발이야? 부엌일만 해도 도통할 수 있다고? 그래 그런 것 같다, 꼬마야. 나는 미소를 접고, 근엄한 얼굴로 매의 움직임처럼이나 신속하게 답변했다.

"그럴 땐……."

꼬마는 나를 유심히 쳐다보는 중이다. '빨리 말해보라'는 식이다.

[3]   설봉과 동산 사이의 문답이 원전이다. "갑자기 모두 먹겠다고 하면 어떻게 하겠는가?"라는 스승의 질문에 설봉은 아무 말도 못한다.

"그럴 땐 말이지, 누룽지를 끓여주면 되거든!"

: 허공

꼬마는 무표정한 얼굴로 몸을 돌리더니 부엌을 박차고 나가버렸다. 나는 속으로 쾌재를 불렀다. 꼬마는 말문이 막혔던 게 틀림없다. '이것으로써 1대 1 무승부가 된 거야!'라고 생각하는 순간, 나는 내 자신이 너무 유치한 게 아닌가 하는 생각을 동시에 했다. 그래서 다시 마음을 다잡고 서둘러 아침 공양 준비를 마무리 했다.

산사 옆, 산들이 아래로 내다보이는 바위 쪽으로 간 것은 해가 뜨고도 한참 후, 아침 일을 얼추 마친 뒤였다. 큼직한 바위 너머로는 산들이 마치 물결처럼 펼쳐지고 있었다. 푸른 바다 위로 섬들이 앞서거니 뒤서거니 정렬한 것도 같았다. 그런데 그 광경을 바라보고 있는 것은 나뿐만 아니었다. 큰 바위 옆, 납작하고 조그만 바위 위에 꼬마가 앉아 있었다. 나는 부엌에서 '누

룽지'로 꼬마를 제압했던 게 조금은 미안해서 부드럽
게 말을 걸었다.

"스님, 뭐하고 있어? 도라도 닦는 중인가?"

꼬마는 앉아서 미동도 않는 중이다. 옆에 가서 앉아,
꼬마를 도발했다.

"그래, 그렇게 앉아 있다고 도를 터득하겠어? 깨달
으려면 부엌일을 해야지, 부엌일⋯⋯."

여전히 꿈쩍 않는 꼬마. 나는 공격의 날을 세웠다.

"오늘 유난히 밥 먹는 사람들이 많더라. 네 말대로
한꺼번에 밥 먹겠다고 덤벼드니까, 밥이 좀 모자라더
라고. 그래서 내가 누룽지를⋯⋯. 흐흐흐."

그렇게 주저리주저리 한 5분은 떠들었을까? 꼬마는
여전히 침묵한 채 눈길조차 주지 않는다. 그렇다고 눈
감고 참선에 들어간 것도 아니다. 멀리 허공을 응시하
고 있을 뿐이다. 슬슬 화가 나기 시작했다. 그걸 화두
(話頭)라고 할 수 있는지는 모르겠지만, 먼저 말로 자극
을 한 건 꼬마 자신이었는데, 한번 물러섰다고 대꾸도
않는다? 아무리 그래도 까마득한 어른이 계속해서 지

걸이고 있는데 말이다. 냅다 소리를 질렀다.

"야, 꼬마! 사람 무시하는 거야? 이렇게 계속 물어보면 한마디 대꾸라도 해야 하는 거 아니냐 말이다! 이게 위아래도 없어."

그때였다. 꼬마가 저 멀리 다도해의 형국으로 겹겹이 펼쳐진 산들로부터 눈을 거두더니 고개를 돌렸다. 그러더니 묻는다.

"행자! 혹시 허공을 본 적이 있어?"

"허, 허공? 그야, 뭐. 본 적 있지."

"허공이 눈길이라도 주는 거 봤어? 대꾸는 무슨……."

: 박물관

그러니까 권투나 격투기로 치면, 그것은 KO패였다. 맞다. 꼬마가 그런 깊은 생각까지 했는지 모르겠지만, 허공은 그야말로 공(空)이다. 텅 비어 있는데 그게 무슨 반응을 보일까? 허공에다 대고 대답하라! 대답하라! 소리치는 게 미친 짓이다.

아니, 그런데 그게 문제가 아니란 생각이 퍼뜩 들었다.

'자기가 허공이란 얘기야? 그냥 열 살 먹은 꼬마 주제에 자신은 이미 텅 빈 공의 상태란 얘기 아닌가? 자신을 공이라고 말할 수 있다면 그게 깨달았다는 얘기일 텐데, 그게 말이 돼?'

그냥 두면 안 되겠단 생각이 들었다. 건방도 수위가 있는 것인데, 어린아이가 저런 언사를 구사하는 건 말이 안 된다고 생각했다. 아이에게도, 아이가 앉아 있는 이 산사에도, 아이가 살아가는 이 세상에도, 저런 착각과 교만은 도움 될 게 없다고 나는 진심으로 생각했다.

그래서 "꼬마야"라고 부르며 점잖게 타이르려는 순간, 꼬마가 말을 막았다.

"저기 산 아래쪽 공사는 어떤 공사야? 뭘 짓고 있는 거지?"

다시 아랫사람 대하듯, 차분하기만 한 목소리였다.

꼬마의 말하는 스타일은 희한하게도 강한 흡입력을 가지고 있어서, 나는 다시 그가 주도하는 대화 속으로 끌려 들어가버리고 말았다. 어른으로서 무언가 타이르려던 바로 그 마음을, 순식간에 잊어버린 것이다. 나는 순순히, 고분고분, 순종적으로, 들어 아는 대로 그의 질문에 답했다.

"응, 이 절을 아주 오래 전부터 다닌 불자 중에 재벌이 하나 있대. 젠 체하는 것도 아니고 진짜로 믿음이 아주 깊은……. 그 동안 절에 보시도 많이 하고, 여기 큰스님 법문을 책으로 펴내는 것도 지원하고, 이번에도 박물관 용도로 건물을 하나 지어주기로 했다는 것 같아. 그 공사를 하는 중이야. 이제 1~2주만 있으면 완공이야."

"박물관? 박물관에 들어갈 유물들이 있기는 해?"

"이 절이 산골짝에 있어도 제법 유서 깊은 절이거든. 오래된 경전들도 있고, 귀한 불상도 좀 있다 하는 것 같고……. 아, 불상 중엔 고려 말에 나무로 만들어진 건데, 지금까지 전혀 썩지 않은 아주 희한한 불상도 있다

더라."

"음, 그 목불······."

:공덕

꼬마는 내 설명을 듣는 둥 마는 둥, 멋진 한옥 스타일로 건축 중인 박물관으로 다시 시선을 돌리더니 들릴락 말락 혼잣말로 읊조렸다.

"쓸데없는 짓이라고 오래 전부터 그렇게 얘기했는데도······."

'오래 전'이란 말만 간신히 들렸다. 약간은 불쾌해 보이는 꼬마의 표정으로 짐작컨대, 그리 좋은 소리는 아닌 것 같았다. 궁금해서 되물었다.

"뭐라고? 오래 전에 뭘 얘기했다고?"

"누가 얘기했는지 그런 게 중요한 건 아니고, 하여튼 다 쓸데없는 짓이야. 절 짓고, 경전 만들고 한다고 공덕이 쌓이는 게 아니란 얘기야. 그보다 공덕이라 할 것도 없고……."

"공덕? 갑자기 웬 공덕?"

"절에 보시 많이 하면 그걸로 좋은 세상에 태어날 수 있다고 생각하는 사람들 있잖아. 그런 덕을 쌓으면 부처가 될 수 있다고 생각하는 사람들이 있는데 그건 아니란 얘기야. 아, 답답해."

꼬마는 산 아래쪽 공터에 올리고 있는 큼지막한 나무 기둥들을 가리키며 말했다. 대들보 위로 올라가는 나무들이 희게 빛나고 있었다. 얼마나 멋진 박물관이 만들어질까, 혼자 그런 생각을 했다.

"행자 아저씨는 저렇게 건물을 만들어주고 하면 덕이 쌓인다고 생각해?"

"물론, 좋은 일이잖아. 자신이 직접 절에 들어와 수행하지 않아도, 불교를 위해 저렇게 노력하면 좋은 일 아냐?"

"그렇다고 대단한 일은 아니지. 혹시 양 무제라고 알아?"

양 무제

참으로 박학다식한 꼬마였다. 양(梁) 나라의 무제(武帝)를 다 알고……. 하지만 나도 그쯤은 안다. 1,500년 전 중국이 남과 북으로 나뉘었던 시절, 그러니까 유명한 '삼국지'의 그 삼국 이후 한참 있다가 중국이 다시 남북으로 나뉘었던 때가 있는데, 그때 남쪽을 석권했던 황제다. 불교의 맥락에서라면 그 양 무제와 달마의 만남 얘기를 모르지 않는 나였다. 괜히 행자인 게 아니다. 그런데 그보다 꼬마가 그런 역사 얘기를 어찌 알까?

"대단하구나, 너. 혹시 천재 아니니?"

꼬마가 짐짓 근엄한 표정으로 꾸짖듯 말했다.

"쓸데없는 소리 말고."

"하하하. 왜 화를 내고 그러셔? 달마 대사와 한판 붙었던 그 양 무제잖아."

대답을 하고 나니, 꼬마가 어떤 얘기를 하려는지 짐작이 갔다. 양 무제는 멀리 변방에서 온 달마를 불러 자신의 공덕에 대해 물었다. 양 무제는 그때, 한참 자신이 다스리는 나라에 절을 짓고, 불경을 편찬하고, 스님들도 많이 도와주고 있었다. 자신감에 차 달마에게 "내 공덕이 얼마나 되느냐?"고 물었다는 것 아닌가? 그런 애기를 아는 대로 두서없이 꺼내는 중에 꼬마가 끼어들었다.

"그래, 그렇게 물었을 때 달마가 뭐라 했는데?"

"공덕이랄 게 없다고 그랬지. 그걸 모르겠니? 나도 큰마음 먹고 절에 수행하러 온 사람인데……. 지금이야 밥만 짓고 있지만."

한 달째 밥만 짓고 있는 내가 다시 한심하단 생각이 들어서, 화가 나려는 순간 꼬마가 말을 이었다.

"그렇게 콕 집어서 얘기를 했던 건 아니었어."

"뭐? 뭘 그렇게 얘기 안 해? 누가?"

말을 듣자 하니, 꼬마는 1,500년 전 양 무제와 달마에 대한 얘기를 꼭 자기 얘기처럼 하고 있었다. 애가 어떻게 된 건가? 자기가 진짜 달마란 얘기인가? 꼬치꼬치 캐물을 필요도 없었다. 어린아이의 헛소리에 일

일이 반응할 필요는 없었다.

　'좋아, 뭐라고 얘기하는지 한번 끝까지 가보자.'

　나는 아이를 꾸짖는 대신 아주 침착하고 온화한 표
정으로 물었다.

　"그래. 그럼 뭐라고 얘기했는데?"

달마

"달마가 서쪽에서 온 뜻은 무엇입니까?"
"너무 오래 앉아 있으면 피곤하지."

-향림 징원

"그냥 아무 말 안 했어."
"아, 그러니까, 양 무제가 달마한테 자기가 절 짓고, 불상 만들고, 경전 펴내고 한 그런 것들이 의미 있는 일이냐고 물었을 때 잠자코 있었다고?"
"……"
꼬마는 말 없이 고개만 끄덕였다. 나는 비꼬듯 캐물었다.

"양 무제가 앞에서 막 자기 자랑 하는데, 달마는 그냥 아
무 말 안 했던 거라고?"

"그렇다니까."

ː 눌변

나는 계속해서 심기가 꼬인 상태였다.

"달마가 왜 그랬을까? 왜 그랬는데?"

다그치는 나를, 꼬마는 멀뚱멀뚱, 그것도 한참을 쳐
다본다. '뭘 그리 성마른 반응을 보이느냐'는 표정이
다. 나도 '뭘 그리 순진한 척 하느냐'는 표정으로 응대
했다. 표정으로 오랫동안 대치하다 보니 괜한 고집이
생겼다. 꼬마의 답변을 꼭 들어야겠다는 결의가 생겼
다. 나는 강한 눈빛으로 꼬마를 압박했다. 꼬마는 그런
강압적 표정 따위에는 신경 안 쓴다는 듯, 그냥 나른한
목소리로 말했다.

"그때는 중국말을 잘 못했거든."

"응……. 뭐? 중국말을 못해서 그랬다고? 그러니까 양 무제가 절 짓고, 경전 만들고, 보시 많이 한 것에 대해 반박한 게 아니라, 그냥 잠자코 있었던 건데, 그게 중국말을 못했기 때문이라고?"

"응. 잠자코 있으니까 양 무제가 제 풀에 화가 났던 거지. 무시당했다고 생각하고 말이야. 무시할 생각도 없었는데……."

"그래, 그럴 만하네. 황제가 자신의 업적에 대해 얘기하는데, 누더기 옷 입은 외국 노인 하나가 입 다물고 있으면 기분 안 좋았겠지."

"그러니까."

"그러니까, 퀭한 눈빛만 해도 얼마나 기분 나쁜데."

"잘 아네."

"그런데, 누가 그랬다는 거니?"

"누구? 양 무제 머쓱하게 한? 누구긴 누구, 달마라니까."

나는 꼬마를 달마 대사처럼 퀭한 눈빛으로 쳐다봤다. 달마가 말을 잘 못해서, 그러니까 눌변이어서, 양 무제를 머쓱하게 하고, 결과적으로는 왕궁에서 쫓겨났다는 얘기를 꼬마는 마치 자신이 겪은 일처럼 조근조근 설명했다.

나는 짜증과 피로와 의심이 섞인 목소리로 물었다.

"너 누구니?"

⦂ 금강경

"나? 어제 처음 만났을 때 얘기했잖아. 달마가 내 이름이라고."

"그래, 그건 그렇다 치자. 그러니까 내가 묻고 싶은 건 네가 진짜 그 옛날 달마 대사냐 이거지? 물어보면서도 한심하다만, 너 꼭 양 무제를 직접 만난 것처럼 얘기하고 있잖아. 1,500년 전 일인데……."

나는 꼬마의 얼굴을 다시 한 번 자세히 훑어봤다. 꼬마답지 않은, 꼬마라고 인정해도 심상치 않기는 마찬가지인 인상이 처음 만났을 때부터 강하게 느껴졌다. 이틀 동안 설전 아닌 설전을 벌이는 동안 그 느낌이 확고해진 것이 사실이다. 만약 이 꼬마가 한 오십 년을 살아낸다면, 아마도 우리가 아는 달마 같은 인상이 될 것 같긴 했다. 도대체 이 꼬마는 누구일까? 그러나 꼬마는 나의 상상을 한마디로 일축했다.

"금강경 읽어본 적 있어?"

"금강경? 응, 뭐 훑어본 적은 있지."

"훑어볼 책이 따로 있지. 경전도 훑어보나?"

"아, 죄송합니다, 스님. 잘난 체하지 말고 계속해봐."

"금강경에 보면, 불법도, 부처도, 공덕도 어떤 이름으로 한정지을 수 있는 건 사실은 별로 중요한 게 아니란 얘기가 계속 나와."

"음……. 그래. 그런 것도 같아."

별로 할 말이 없었다. 불교 최고 경전 중 하나인 금강경, 다이아몬드처럼 값지고 깨뜨릴 수 없는 진리를 담고 있다고 해서 다이아몬드 수트라(Diamond Sutra)라고도 불리는 그 희대의 경전을, 그냥 휙~ 훑어본 주제에 무슨 말을 할 수 있겠는가? 중국말 잘 못하는 달마가 양 무제 앞에서 입 다물고 있었듯, 나도 입을 다물고 있을 수밖에……. 꼬마가 목소리를 높였다.

"그러니까, 이름이 중요한 게 아니라니까! 내가 달마든 아니든 뭐가 중요해?"

"아니, 네가 달마냐 아니냐 하는 게 이름 문제가 아니……."

"아 됐어, 행자. 그보다 읍내 시장 나가려던 거 아냐? 왜 이렇게 미적거려."

시장……. 맞다. 시장에 가려던 참이었다. 그런데 그걸 꼬마가 어떻게 알았을까? 갈수록 신기한 꼬마였다.

"그런데, 내가 시장 가려던 걸 어떻게 알았어?"

"걸망 메고 있고만, 뭘. 그리고 어제 부엌에서도 오늘 시장 가야 된다고 얘기를 했습니다요."

꞉ 가게

시장으로 가는 길은 외롭지 않았다. 왜? 꼬마가 자기도 읍내 구경 나가야겠다며 산길을 따라 나섰으니

까. 멀진 않다고 해도 읍내 시장까지 가려면 꼬박 한 시간은 걸어야 했다. 더없이 맑은 공기였다. 그리고 절에 들어오고 나서 첫 외출이었다. 한가한 산책만으로도 기분이 상쾌했다. 오랜만의 해방감을 느끼며 호젓한 산길을 걸어갔다.

산사에서는 그렇게 티격태격 떠들어댔지만, 산사를 나온 이후론 꼬마와 별다른 얘기를 나누지 않았다. 나는 속으로나마 '이 꼬마의 정체가 도대체 무얼까' 내내 생각하긴 했다. 때로 자신이 무슨 고승인 양, 아니 정확히 말하면 달마인 양 하지만 그건 당연히 그럴 리가 없다. 세상이 어떤 세상인데, 그런 말도 안 되는⋯⋯.

그런 생각을 하는 사이 꼬마와 나는 어느새 읍내에 들어서 있었다. 부엌에서 쓸 가재도구와 산에서 장만하기 힘든 야채와 조미료 같은 것들을 챙겨야 했다. 그러나 그 전에 해결할 일이 있었다. 둘 다 배가 너무 고팠다. 배가 고프다기보다 산사에서 소박한 음식만 먹다가 읍내에서 갖가지 메뉴를 내건 식당을 보자 거센

식욕이 발동했던 것이다.

꼬마와 나의 시선이 동시에 한 식당 간판에 꽂혔다. 카레 집이었다. 테이블이라 해봐야 세 개나 될까? 그러나 간판은 나름대로, 카레 전문점을 표방하고 있었고, 실내도 깨끗했다. 허름한 승복 차림이 아주 마음에 걸렸지만 나와 꼬마는 당당한 걸음으로 카레 전문점에 들어섰다. 그리고 구석 테이블에 앉았다.

"꼬마야, 좀 먹자. 오늘 한번 먹으면 한참 이런 음식 못 먹을 테니……. 먹고 싶은 거 시켜."

"오케이, 좋아. 나는 여기 페르시아식 카레."

"페르시아? 그런 카레도 있어?"

꼬마가 메뉴판 제일 아래 식단을 고르며 말했다.

"여기 있잖아. 페르시아식 카레. 석류를 넣었다는……."

카레면 인도이지, 페르시아 카레가 있는지 나는 처음 알았다. 그리고 그런 게 있으면 있는 것이지, 굳이 시켜 먹는 사람을 본 것도 처음이었다. 그런데, 갑자기 장난기가 발동했다.

"꼬마야, 네가 달마라면 인도 카레를 먹어야지, 웬

페르시아? 페르시아는 이란 쪽이니까 인도에서 한참 더 가야 돼. 너 인도에서 중국으로 온 거 아냐?"

∶ 페르시아

메뉴판에 고개를 처박고 있던 꼬마가 고개를 젖히더니 힐끔, 나를 쳐다본다. 가소롭다는 표정이다.

"달마가 인도 사람인 줄로만 알고 있지?"

"당연하지. 부처가 인도 사람이고, 달마는 부처의 계보를 잇는 28대 조사거든. 당연히 인도 사람이지."

"당연한 게 아닐 수도 있어."

"당연한 게 아니면, 어디 유럽이나 아프리카에서 오셨니, 달마 대사가?"

"행자 아저씨, 너무 앞서 가지 마시구요. 인도에 머물렀던 건 맞는데, 원래 이란, 그러니까 페르시아 지방 사람이야."

"뭐라고? 달마가 인도 사람 아니라고?"

"인도를 거쳐 왔고, 인도에서 불교를 배웠으니까 인도 사람이기도 해."

"뭐야? 이랬다저랬다 하네."

"이랬다저랬다 안 하거든요. 그게 다 혜능 때문이지. 나도 이해해."

모든 걸 떠나서 박학한 건 알아줘야 한다. 꼬마 입에서 이제 육조(六祖) 혜능(慧能, 638~713년)까지 나오고 말았다. 선불교를 실질적으로 창시했다는 혜능……. 탁월하기는 하나 수많은 경전과 복잡한 이론에 사로잡혀 있던 그때까지의 불교를 그야말로 중국식으로 혁신한 선(禪)의 원류, 혜능이다. 문자를 세우지 않고(不立文字), 곧바로 사람의 마음을 가리킨다(直指人心)는 선의 가르침은 과연 달마의 것일까, 혜능의 것일까?

아니, 그러고 보니 중요한 건 선불교의 창시자가 누구냐 하는 문제는 아니다. 달마의 출신지가 어디냐는 얘기를 하는 중이었다.

"혜능? 갑자기 웬 혜능? 달마 고향 얘기하는데……."

"원래 달마 고향에 대해서는 설이 분분했어. 천축에

서 왔다고 하는 사람들도 있었지만 다른 얘기를 하는
사람들도 있었거든. 그러니까…….”

꼬마의 말에 따르면, 달마가 중국에 왔을 때 달마의
고향을 두고 천축국과 함께 파사국[4]에 대한 얘기가 돌
았다. 천축은 지금의 인도, 파사는 페르시아, 지금의
이란쯤이 된다. 그리고 정작 시간을 거슬러 올라 달마
가 막 중국에 도착했을 즈음으로 가까이 갈수록 천축
보다는 파사 설이 유력해진다는 것이다.

“그런데 혜능이 달마를 부처의 뒤를 잇는 인도 사람
으로 꼭 집어 말하면서 페르시아 얘기는 사라져버렸다
는 거야.”

“음……. 혜능이? 뭐, 그럴 수도 있겠네.”

“그럴 수도 있는 게 아니라, 그런 거라니까. 그래서
내가 석류가 들어간 페르시아 카레를 먹는 거고…….
행자도 빨리 주문해. 페르시아식? 인도식?”

[4]　　　북위(北魏)의 양현지(楊衒之)가 쓴 『낙양가람기(洛陽伽藍記)』는
“승려 보리달마는 파사국(波斯國) 호인(胡人)이다”라고 전한다. 파사국은
사산 왕조 시대의 페르시아이다.

: 소림사

나는 인도 카레를 주문했다. 행자에 불과했지만 이
미 불교에 입문한 까닭에 소고기나 양고기가 전혀 들
어가지 않은, 대신 콩이 듬뿍 들어간 카레를 시켰다.
소고기나 양고기가 안 들어가기는 달마, 아니 그 꼬마
도 마찬가지였다. 그리고 우리 둘은 언제 다시 먹게 될
지 모를 카레를 쩝쩝, 냠냠 맛있게도 먹었다. 나는 특
히, 조용히 입 다물고 카레를 먹었다. 입을 열 때마다
번번이 꼬마에게 호되게 당했으니까. 그러나 입을 다
물고 있다 보면, 꼭 생각이 고개를 들기 마련이다.

"스님."

"말해."

"달마가 중국말을 할 줄 몰라서 아무 대답을 안 하는
바람에 양 무제가 머쓱하게, 아니 화를 내게 됐다는 거
잖아. 자기 업적을 인정해주지 않는다고……."

"응, 맞아."

"그 다음엔 어디로 갔어, 달마?"

"불교 책들 보면 다 나와 있잖아. 배 타고 양자강 건너서 숭산으로 갔다고…….'

"숭산?"

"그래 숭산. 소림사만 알지 그 절이 어디 있는지는 다들 몰라요. 알려면 제대로 알아야지."

아……. 또 뭐라 한다. 나는 다시 꼬마의 이야기를 귀담아 들어야 했다. 황하(黃河)의 남쪽, 그래서 하남(河南)이라 불리는 중국의 한복판에 숭산(嵩山)이 솟아 있으며, 그 숭산은 태산(泰山)·화산(華山)·형산(衡山)·항산(恒山)에 의해 호위 받는 형국으로 둘러싸여 있으며, 그 산을 뭉뚱그려 중국의 5악(岳)이라 부른다는 것을……. 그리고 양 무제와 이별한 달마가 기어 들어간 소림사가 바로 그 숭산의 한 봉우리 기슭에 있다는 것을……. 그래, 다 좋다. 그러나 내가 알고 싶은 것은 그게 아니었다.

"잘 알겠습니다, 꼬마 스님. 그런데 양 무제와 이별하고 나서 달마는 왜 그렇게 강을 건너고 산을 오른 거야?"

"그건 물론, 누누이 얘기했듯이 중국말을 몰랐기 때문이지."

"엥?"

"말을 잘 못하니까 사람들 만나기 싫어서 양자강을 건너버린 거야. 그리고 곧바로 숭산 깊숙한 골짜기 소림사로 들어갔지. 사실은 소림사도 아니고 소림사를 지나서 있는 조그만 동굴로 들어갔지."

"소림사에 스님들을 만나러 간 게 아니고? 제대로 된 불법 전하러 간 게 아니냐고?"

"사람을 만나러 간 게 아니라, 사람들 만나기 싫어서 골짜기로 들어간 거라니까. 그 다음에도 동굴에서 안 나왔잖아. 그거 몰라?"

: 면벽

물론 안다. 9년간의 면벽(面壁)을 얘기한다는 걸 나도 잘 안다. 달마는 소림사 인근 동굴에 칩거한 채, 계속 벽만 쳐다보고 있었다고 책들은 전한다. 벽관(壁觀), 오랫동안 벽만 바라보았고, 그게 달마 특유의 수행이었다고 사람들은 알고 있다.

벽만 바라본다는 것은 무엇인가? 진짜로 우두커니 앉아 하루 종일, 그것도 9년간 벽만 쳐다보았겠는가? 그것은 아마도 일체의 감각과 인식을 멀리했다는 의미일 것이다. 보이는 것, 들리는 것, 만져지는 것, 느껴지는 것, 알게 되는 것들 모두를 한 번에 끊었다는 얘기일 것이다.

감각과 인식이 없으면 고통도 없고 불행도 없다. 달마에게는 경전의 수많은 문장들이 중요한 게 아니라, 그 숱한 문장들이 표현하지 못하는 궁극의 경지가 중요했다. 벽만 바라보는, 일체의 감각을 끊는 체험을 통해서만 도달할 수 있는 경지였다. 나는 그런 생각을 하며 천천히 대답했다.

"그거 알아, 면벽 수행. 감각을 다 끊고 오랫동안 수행했다는 얘기 말이야."

"사실은 수행이고 뭐고, 사람들을 만나봐야 말도 못

하고 갑갑했으니까. 그냥 동굴에 틀어박혀 있었던 거지."

"문자를 세우지 않는다는 선 수행을 잘 상징하는 얘기인 것 같아."

"상징이고 뭐고, 계속 벽만 쳐다보고 있었던 건 아냐. 사람이 어떻게 그럴 수 있어. 지나가는 사냥꾼이랑 나무꾼한테 말도 배우고 그랬지."

"뭐? 9년간 두문불출하면서 면벽 수행한 거 아니었어? 그럼 안 되지. 후세 사람들 다 그렇게 믿고 있는데……."

"그렇게 믿어달라고 요구한 적도 없는데, 뭐. 혜능하고 그 제자들이 그렇게 얘기한 거지, 면벽 수행했다고 내가 자랑한 거 아니잖아."

"뭐? 내가 자랑?"

"응……. 그러니까 달마 말이야."

"그래, 그러니까 너 말이야."

"아, 나 말고 달마."

꼬마는 어색한 듯 카레가 담겨 있는 접시 쪽으로 고

개를 숙였다. 나도 허기를 느끼고 카레가 담긴 접시로 고개를 숙였다. 어라? 숟가락으로 카레를 한번 휘젓는 데, 크지 않은 고깃덩이가 하나 있다. 고기 안 들어간 카레로 시켰는데 말이다. 나는 꼬마를 힐끗 쳐다본 다음 숟가락으로 카레와 밥을 모아 고기를 가렸다. 언제 또 먹을지 모를 고기이니 그냥 먹어야겠다고 생각한 것이다.

'에라, 고기 한 점 먹는 게 뭐 대수인가.'

그때, 꼬마의 젓가락이 내 숟가락을 가로막았다.

"육식 하면 안 되지. 먹는 것에 그렇게 사로잡혀서 야……. 그런 욕망이 고통과 불행의 원인이야. 9년간 벽만 바라보고 지낸 사람 생각도 좀 해."

욕망이고, 고통이고 간에 나는 짜증부터 났다. 꼬마 녀석이 어찌하여 고승인 체, 그것도 전설의 달마 얘기를 하면서, 아니 달마인 양 하면서 어른을 농락한단 말인가? 나는 그간의 설움(?)을 참지 못하고, 냅다 소리를 질렀다.

"야, 너 도대체 누구야?"

4

시장

계곡물 소리가 문득 붓다의 설법이요
산의 모습이 붓다의 청정법신이라.
밤새 찾아든 팔만사천 게송을
훗날 사람들에게 어떻게 보일까.
−소동파

꼬마는 내 숟가락을 막고 있던 젓가락을 거두어 테이블에
놓더니, 깊고 그윽한 눈으로 나를 바라봤다. 내가 화를 낼
수록, 자신은 더 침착해진다는 듯 흔들림 없는 눈빛이었
다. 물론 꼬마가 침착할수록 나는 더 화가 났다.

: 꼬마의 정체

　더욱이 꼬마의 정체를 물었던 게 이번이 처음도 아니었다는 생각까지 떠올랐다. 꼬마는 자신이 전설의 고승 달마인 듯, 아닌 듯 애매한 화법을 구사하면서 자신이 누구인지 밝히라는 내 질문은 은근슬쩍 피해갔던 것이다. 때론 당황하는 척, 때론 질문을 무시하는 듯 자신이 정말 누구인지 얘기하지 않았던 것이다. 그러나 아마도 나의 강한 압박 때문이었겠지만, 이번엔 사뭇 다른 분위기였다. 진지한 표정으로 무언가 말하려는 듯 입을 움직이기 시작한 것이다. 나 역시 분노 대신 호기심을 다시 느끼기 시작했다.

　'이번에는 꼬마의 정체를 알 수 있을지 모른다! 거짓말을 하더라도 무언가 단서를 잡을 수 있겠지!'

　그런 생각을 하는 중에 마침내 답이 돌아왔다. 조용하며, 단호하며, 군더더기 없는, 그러니까 말하자면 나른해진 선방의 공기를 후려치며 가르는 죽비 같은 그런 목소리였다. 꼬마가 입을 연 것이다.

"내가 누구인지 묻고 있는 바로 그 사람은 누구인 거지?"[5]

"……"

예상치 못한 질문에 내가 멍해 있는 사이, 꼬마는 형형한 눈빛을 드러내면서 윽박지르듯 목소리를 높였다.

"말해봐, 말해보라고!"

나는 말할 수 없었다. 단 한마디도 입 밖으로 낼 수 없었다. 정말, 죽비로 목덜미를 호되게 얻어맞은 것처럼 얼얼했다. 정신이 번쩍 드는 느낌이었다. 도대체 '나'는 누구인지 무언가 말하고 싶다는 생각이 들었지만, 정작 '나'가 누구인지 아무런 생각도 끄집어낼 수 없었기 때문이다. 꼬마가 누구인지, 나는 왜 궁금해 했고, 그렇게 궁금해 한 '나'는 도대체 누구, 나아가 무엇이란 말인가?

---

[5]　묻고 있는 바로 그 사람은 누구인가? 이 같은 방식의 질문은 공안에서 반복적으로 나타난다. "부처는 누구?"라고 묻고 있는 이에게 "그대는 누구?"라 반문하는 것이다. 자신 안에서 부처를 찾으라는 얘기일 것이다.

: 선문답

나는 대답하는 대신, 고기 한 점이 외롭고 불쌍하게 숨어 있는 카레 접시 쪽으로 고개를 푹 숙였다. 물론 그런 이상한 자세로 '나는 도대체 무엇인가'라는 형이상학적 질문에 대한 적절한 답변을 떠올리기는 어려웠다. 다만 지방 소도시의 한 카레 집에서 벌어진, 심상치 않은 한 꼬마와의 심상치 않은 대화에 대해서는 숙고해보지 않을 도리가 없었다.

꼬마의 대화방식은 말하자면, 대단히 구체적인(다소 짜증 섞인) 질문을, 추상적인(더욱이 무심하기까지 한) 또 하나의 질문으로 무력화시키는 그런 것이었다. 꼬마가 하는 짓이 하도 수상하고 헷갈려서 그의 정체를 꼬집어 물었는데, 꼬마는 묻는 이의 존재 자체에 대해 물어온 것이다. 불교식으로 말하면 그게 바로 '본래 진면목', 뭐 그런 것에 대한 질문이 아닐까 하는 생각이 들었다.

유식하게 말하면 그렇지만, 꼬마에게 말로 행동으로 번번이 당하는 주제에 유식하게 말할 자격은 아마 없을 것 같긴 하다. 현학도 어느 정도 수준이 되는 사람이나 가능하지 않겠는가? 건조하게 분석하면, 그저 특출하게 똑똑해 보이는 어떤 아이에 대한 자격지심과 무안이 뒤섞여 바보 같은 질문을 던졌다가, 돌아온 아이의 대답에 더 심하게 바보가 되는 그런 상황으로 보면 딱 맞을 것 같았다.

아니다, 그래도 그렇게 단순하게 볼 건 아닌 듯하다. 이런 게 바로 책에서 보던 선문답(禪問答)일 수는 없는 것일까? 꼬마의 답변에 비록 머리가 하얘질 뿐이었고, 적절한 대답 역시 내놓지 못했지만, 이렇게 어긋난 대화 속에 깨우침으로 가는 통로가 있는 것은 아닐까?

그러고 보면 내가 서른이 넘어 절에 행자로 들어온 것도, 일상의 피로와 좌절을 뛰어넘는 어떤 길을 발견하기 위한 것 아니었던가? 그 속에는 내가 누구인지 알고 싶었던 욕구 역시 포함되어 있었던 것은 물론이다. 오리무중 같은 그 길을 꼬마와의 희한한 대화 속에서 찾아갈 수는 없는 것일까?

지나치게 많은 생각을 하고 있는 것 아닌가 하는 생

각이 들 무렵, 고개를 들고 맞은편을 보니 꼬마는 사라
지고 없었다.

'아, 꼬마는 정녕 달마 대사인가? 숙고할 화두를 던
져놓고 홀연히 사라진 것인가?'

다행히(아니, 다행인지 아닌지는 알 수 없지만) 그렇지는 않
았다. 카운터 쪽에서 꼬마의 목소리가 들려 왔다.

"행자, 빨리 계산해야지!"

: 축지

꼬마달마와 나는 식당을 나와 시장 쪽으로 걸었다.
한적한 산골의 절집이라 해도 부엌살림은 단순한 법이
없다. 쌀이야 산 아래쪽 본사와 함께 배달을 통해 공
급받는다 해도, 그 외 잡다한 필수품들이 꽤 된다. 야
채 썰 도마도 가끔씩은 갈아야 했고, 정갈히 오래 쓴다
해도 식기 역시 정기적으로 교체해야 했다. 그 밖에 간
장, 된장, 식초 등도 만들어 쓰기는 버거웠다.

사야 할 물건들 생각에 마음이 바빠진 나는 빠른 걸음으로 시장의 인파를 뚫고 지나갔다. 꼬마야 따라오건 말건 신경을 쓰지 않았다. 동행해봐야 좋을 일도 없었다. 계속해서 난처하고 당혹스러운 일만 당하지 않았던가? 대화를 나눌수록 자괴감만 늘었다.

물론 꼭 그런 것만은 아니었고, 그런 의미에서 자괴감 운운은 솔직하지 못한 측면이 많은 것 역시 사실이다. 인정하는 게 기분 좋은 일은 아니지만, 꼬마를 통해느끼고 또 배운 것들이 많았기 때문이다. 방금 전 식당에 있을 때만 해도 치기 어린 내 질문을 희한하게도 뭐랄까, 고차원적인 맥락으로 이끌어가지 않았던가? 그러나 그렇다고 매번 솔직하다가 매번 창피를 당하고 싶지는 않다는 게, 말하자면 나의, 진짜 솔직한 생각이다.

나는 잡념을 날리고 다시 쏜살같이 인파를 뚫고 나갔다. 그러나 꼬마의 손바닥 안이었다.

"뭐 그리 바삐 다녀? 누구 피하는 것처럼······."

아! 시장에 본격 진입했다고 느낄 무렵, 꼬마의 목소리가 들려온 것이다. 그러나 멀리 뒤쪽에서 나를 따라

오며 숨이 차서 애걸하듯 던진 목소리가 아니었다. 꼬마는 기다렸다는 듯, 나보다 약간 앞선 곳의 상점 벽에 삐딱하게 선 채 나를 제지했던 것이다.

나는 움찔하며 꼬마를 쳐다봤다. 축지의 술수를 쓰기라도 한 것인가? 꼬마는 나를 저만치 앞서가고 있던 것이다. 꼬마가 씨익, 웃으며 말을 이었다.

"행자가 먹고 싶어 하는 고기, 저기 많네!"

"뭐? 이게 진짜……."

정육점

꼬마는 대꾸 대신 턱으로 골목 맞은편의 깔끔하게 생긴 정육점을 가리켰다.

희한한 일이지만 이제까지의 경험으로 보면, 꼬마의 놀림이 어느 정도를 넘어설 때 나는 다시, 아주 침착해지곤 했고, 이번에도 예외가 아니었다. 나는 꼬마의 얘기에 화를 내는 대신, 너그럽게 웃기까지 하며 그의 소매를 부드럽게 끌었다. 사야 할 물건들이 많았다.

꼬마도 나만큼 너그러운 웃음으로 응대하며 나를 따라 나섰다. 그러나 그냥 따라 나설 리 없는 꼬마다. 나에게 기어코 한마디를 던진다.

"저기 정육점 주인 말이야. 뭔가 깨달은 사람처럼, 그러니까 부처님처럼 생기지 않았어?"

"부처님? 응, 사람 좋게 생겼네. 푸근하니……."

"내가 보기엔 저 아저씨 보통 사람이 아니야."

"그걸 어떻게 알아? 꼬마 너 관상도 보니?"

"그런 게 아니라, 아까 행자를 기다리면서 손님들과 얘기하는 걸 지켜보고 있었거든. 아, 저기 또 손님 왔네. 한번 봐봐."

도대체 손님들과 어떤 식으로 흥정을 하기에 부처님 얘기까지 꺼내는 것일까? 나는 슬쩍 맞은편 정육점 쪽으로 발걸음을 옮겼다. 정육점을 약간 지나쳐 벽 쪽으로 자리를 잡으니 정육점 주인과 손님의 대화가 오롯하게 들려왔다. 유리 진열장의 고기들을 유심히 살펴보던 손님이 입을 연다.

"주인장, 최상품으로 한 근만 줘봐요."

나는 내내 웃는 얼굴로, 고기 써는 칼 하나 달랑 든 정육점 주인이 어떤 말을 할까 내심 기대했다. 좋은 고기 달라는데 그냥 고기를 주면 되는 것 아닌가 하는 생각이었다. 그 밖에 또 뭐가 있을까? 손님이 부위 얘기를 하지 않았으니, 어느 부위를 원하는지 물을 수도 있겠다고 나는 짧은 순간, 머릿속으로 생각하고 있었다. 정육점 주인의 명랑한 목소리가 들려왔다.

"손님, 어디인들 최상품이 아니겠습니까?"[6]

꼬마가 옆에 없었더라면, 나는 정육점 주인이 그저 미쳤다고 생각하고 말았을 것이다. 그러나 꼬마는 그 존재만으로도 나를 어떤 다른 세계와 통하게 하고 있는 것일지도 몰랐다. 나는 정육점 주인의 대답을 듣는 순간, 다시 선문답의 세계로 진입한 것처럼 몽롱해졌다. 한방 얻어맞은 것 같기도 했다.

---

[6]　　마조 도일(馬祖道一, 709~788년)의 법통을 잇는 것으로 전해지는 반산 보적(盤山普積, 720~814년)이 깨우치게 된 사연이다. 도처에 진리, 곳곳에 고수들이다.

: 무차별

정육점 주인 말대로였다. 세상에 딱히 좋고 나쁜 게 따로 있겠는가 하는 생각을 한 적이 있었다. 사람 사는 일의 상하(上下)와 귀천(貴賤)이야, 그저 사람들의 주관적인 시각이 만들어낸 것 아니겠는가, 그런 생각을 그 것도 꽤 진지하게 말이다. 물론 돈을 중심으로 하여 돌아가는 자본주의 사회에서 이런저런 차별이 없다는 식의 맹목적 눈가림에 빠졌던 것은 아니다.

아주, 아주 가끔씩의 일이었지만 그런 식의 피상적 차별 뒤에 숨은 세상 만물, 모든 사람들의 고귀함 같은 것을 느꼈던 것이다. 그런 생각을 하는 나를 두고 지인들은 너무 순진하다고 핀잔을 주기도 했지만, 나는 실제로 그렇게 느꼈다. 그러나 동시에, 순진하다는 핀잔을 계속 듣는 것은 또 싫었으므로, 그런 훌륭한(?) 생각을 또 너무도 쉽게 잊고 지냈다.

그런데 정육점 주인의 "어디인들 최상품이 아니겠습니까"란 조용한 한마디는 나에게 큰 호통으로 다가

왔다. 꼬마의 말대로 정육점 주인은 범상치 않은 인물인 듯했다. 물론 그런 비범함이 모두에게 느껴지는 것은 아니다. 정육점 주인에게 최상품의 고기를 요구했던 손님은 곧바로 "아, 그런 소리 말고 진짜 좋은 부위로 달라니까"라고 짜증을 냈으니까 말이다.

물론 나는 그런 손님과 같은 부류는 아니었기에 꼬마에게 '네가 얘기한 정육점 주인의 비범함을 인정하겠다'는 뜻의 의미심장한 눈빛을 보냈다. 꼬마는 내 눈빛에 호응하듯 베시시 웃으며 나를 바라보았다.

그런데 한 가지 의구심이 생겼다. 정육점 주인이 만약 모든 손님들에게 똑같은 질문을 해대는 것이라면, 그러니까 어디에선가 '비범한' 질문 하나를 주워듣고는 그것을 계속 흉내 내고 있는 것이라면 그를 정말 비범한 인물로 봐줄 수 있느냐 하는 의문이었다. 그럴듯한 명언 하나를 왼 후에, 앵무새처럼 반복하는 일이야 누구나 할 수 있는 것 아닌가? 그건 차라리 비난받아 마땅한 일이리라.

직전에도 정육점의 흥정을 봤다는 꼬마에게 그럴 소

지는 없느냐고 나는 물었다. 꼬마는 나의 질문이 심히 마음에 들지 않는다는 듯, 굳은 표정으로 잠자코 있더니 무뚝뚝하게 대답했다.

"저기 다른 손님 왔네. 확인해보면 되잖아."

"응. 그래 좋아."

나는 다시 정육점 쪽으로 귀를 기울인 상태로 벽에 몸을 붙였다. 손님이 특정 부위의 고기를 가리키며 주문을 낸다.

"저기, 제일 좋은 부위로 주세요."

사람 좋은 표정의 정육점 주인은 전문가답게 손님이 가리키는 부위는 굳이 쳐다보지도 않았다. 그리고 막 입을 열려고 했다. 나는 신경을 곤두세우고 그의 대답에 집중했다. 그 사이 정육점 주인의 말문이 터졌다.

"손님, 어디인들 최상품이 아니겠습니까?"

나는 도끼눈을 뜨고 꼬마 쪽으로 고개를 돌렸다. 꼬마는 손으로 입을 막은 채, 킥킥거리고 있었다.

：개울

    나는 다시 발길을 재촉했고 꼬마는 내 뒤를 바짝 쫓았다. 나는 물론 꼬마에게 한마디 말도 건네지 않았다. 꼬마도 이번에는 진짜 미안한 듯 아무 얘기 없이 고분고분 내 뒤를 따를 뿐이었다. 나는 시장을 빠른 걸음으로 훑어 지나가며 필요한 가재도구들을 구입했다. 흥정 따위는 필요하지 않았다. 정육점 주인과의 그 치욕적인 흥정으로 족했다. 필요한 물건을 가리키고, 상점 주인들이 가격을 말하면 군말 없이 그만큼의 돈을 지불할 뿐이었다.

    그리고 절로 향했다. 얼마 걷지 않아 다시 산길로 접어들었다. 나는 참으로 오랜만에 힐끗, 꼬마를 쳐다보았다. 꼬마는 어색한 듯 미소를 지어 보였다. 정육점 앞에서의 장난이 너무 과했다는 생각을 스스로 하는 듯했다. 입을 열까 말까 하더니 나에게 말을 걸어왔다.

    "행자, 미안해. 그게 꼭 장난만은 아니었어."

    "계속 얘기해보세요."

"그러니까 만약 정육점 주인이 다른 손님과 또 다른 흥정을 하는 모습을 행자가 보지 못했다면 아무 문제가 없었을 수도 있잖아. 아무 문제가 없는 정도가 아니라, 어쩌면……."

"그래 맞아."

나는 순순히 답했다.

"정육점 주인이 식칼을 든 채로 위도 없고, 아래도 없다는 얘기를 할 때 뭐랄까, 선으로 들어가는 길이 바로 저런 것이구나 하는 생각을 했었어."

꼬마는 겸연쩍은 듯 싱긋이 웃었다. 꼬마의 정체가 무엇이든, 또 의도했든 의도하지 않았든 꼬마가 선의 훌륭한 교사 자질을 갖춘 것은 사실로 인정해야 했다. 모든 게 어린 아이의 장난기일 수도 있지만, 어쩌면 그렇게 막힘없고, 숨김없는 장난기가 진리에 이르는 진정한 길이기 때문에 그렇게 우스꽝스러우면서도 웃어넘길 수 없는 상황이 발생하는 것은 아닌가 하는 생각이 들었다.

그런 생각을 하는 동안 꼬마와 나는 이미 산 중턱의 계곡으로 진입하고 있었다. 며칠 전 비가 온 탓인지 산은 더할 나위 없이 깨끗했다. 멀리 펼쳐진 푸른 산을 신령스러워 보이는 구름이 감싸 안고 있었다. 그 산들을 보며 나는 정말 진지해졌고, 그 진지함을 놓지 않으면서 꼬마에게 물었다.

"그런데, 정말 선은 어디로 해서 들어가야 하는 거니?"[7]

꼬마가 되물었다.

"지금 개울물 소리 들려?"

"응, 워낙 비도 왔었잖아. 잘 들리지, 물론."

"그럼, 그리로 들어가면 되겠네."

나는 깜짝 놀라서 계곡을 흐르는 물 쪽으로 시선을 돌렸다. 지금껏 어디에도 구애받지 않아 왔고 앞으로도 계속 그럴 것이라는 듯, 유유하게 제 갈 길을 내고 있는 계곡물이 다이아몬드처럼 맑게 빛나고 있었다.

---

[7]　　경청 도부((鏡淸道恕, 864~937년)와 현사 사비(玄沙師備, 835~908년) 사이에 오갔던 문답이다. 열심히 수행했으나 깨달음의 실마리조차 건지지 못했던 경청이 "선은 어디로 해서 들어가야 하느냐"고 물었을 때, 현사는 개울물 얘기를 꺼냈다.

5

목욕

티끌세상에서 초탈하는 것은 범상한 일이 아니다.

밧줄 끝을 단단히 잡고 온 힘을 기울여 덤벼들어라.

뼛속에 스며드는 추위를 겪지 않고서야

어찌 매화가 그 향기로 그대를 즐겁게 하리?

-황벽 희운

계곡물은 그러나 유유히 흐를 뿐 선의 세계로 들어갈 틈
을 내주지는 않았다. 하지만 그것이 무슨 문제이랴. 비
온 뒤 졸졸~졸 흐르는 계곡물은, 그 소리만으로도 정신

을 맑게 해주었다. 이렇게 맑은 정신을 유지할 수만 있다면, 선이니 깨달음이니 하는 것들도 어쩌면 불필요할 수 있다고 생각하며 선방을 향해 길을 재촉했다. 곁에 있는 꼬마도, 앞서거니 뒤서거니 하며 나와 함께 산길을 올랐다.

: 전설

산기슭 본사(本寺) 옆에선 공사가 한창이다. 한 재력가가 지어준다는 박물관 때문이다. 사찰에 딸린 박물관을 대개 성보(聖寶) 박물관이라 하는데, 그 절에서 성스럽게 여기는 보물, 바로 성보를 보관하고 전시하기 때문이다. 그리고 내가 속한(행자에 불과한데, 그것도 본사에 딸린 선방에서 부엌일만 보는데 속한 게 맞는지 모르겠지만) 절에도 보물이 하나 있었다. 이미 얘기한 듯한데, 그것은 어떤 불상이었고, 그냥 단순한 불상이라고 보기는 어려웠다.

지금으로부터 600여 년 전, 그러니까 고려 말, 지금 절이 위치한 산 중턱의 한복판에는 커다란 은행나무가 있었다. 그 당시 이미 500년의 수령을 자랑하는, 지름 2미터의 거대한 나무였다. 절이 세워지기 전부터 이 나무는 영험하다는 소문이 나 있었고, 전국 각지에서 몰려온 사람들은 이 나무 앞에서 저마다 소원을 빌곤 했다. 언젠가 나라에 큰 가뭄이 들었을 때는, 나라의 관리들이 몰려와 며칠 밤을 새며 기도를 했고, 실제로 비가 내린 적도 있었다.

그런데 600여 년 전 그때, 어느 캄캄한 밤, 이 거대한 나무에 쩌렁쩌렁, 엄청난 벼락이 내리친 것이다. 저 꼭대기부터 까맣게 타들어간 나무는 바로 다음날 힘없이 쓰러졌고, 그 잔해는 나무에서 떨어진 은행잎들에 의해 뒤덮였다. 수없이 많은 은행잎들은 마치 쓰러진 나무를 위로하려는 듯도 했다.

다음날 산으로 몰려온 사람들은 먼저 무슨 왕의 무덤이나 된 것처럼, 황금빛으로 수북이 쌓인 은행잎의

더미에 놀랐고, 직후 자신들이 신령처럼 떠받들어 모시던 은행나무가 감쪽같이 사라진 데 대해 경악했다.

사람들은 황금빛 은행잎의 무덤을 파헤치기 시작했는데, 반나절을 그렇게 은행잎을 헤집자 속에서 까맣게 탄 나무의 재들이 나오기 시작했다. 사람들은 그 광경을 보고 놀랍고 슬픈 감정을 감추지 못했다. 자신들의 소원을 들어주던 그 영험한 나무가 하루아침에 까만 재로 변했으니까. 사람들은 은행나무의 잔해 앞에서, 얼어붙은 듯 주저앉아 고개를 숙이고 있을 뿐이었다. 그때 누군가가 외쳤다.

"저기 황금빛 좀 봐! 재 사이에서 빛이 나오고 있어!"

: 황금빛 나무

몇 사람이 달려들어 재를 헤집었다. 까만 재 사이로 빠져 나오는 황금빛이 여러 갈래로 늘어나는가 싶더니, 은은한 황금빛이 절터를 가득 채웠다. 정확히 황금빛은 아니었다. 은행잎의 노란빛이라고 해야 옳을 게다. 강하지는 않지만, 신령스러워 보이는 빛에 사람들 모두 숨을 죽였다. 다시 누군가가 소리쳤다.

"여기, 여기……."

빛을 내뿜은 것은, 재 안에 웅크린 것처럼 놓여 있던 은행나무의 밑동이었다. 덩치 큰 사람의 앉은키 크기 정도 될 법한 나무의 밑동은 신기하게도, 벼락의 영향을 받지 않은 듯 생생하고, 환한 색깔 그대로였다. 아니 바로 그 벼락 때문인지, 회색빛 나무껍질이 다 떨어져 나가, 은행잎과도 같은 노란 색깔의 몸통으로만 남아 있던 것이다. 그러나 사람들이 포착한 황금빛의 발산은 착시 때문이 아니었다. 그렇게 드러난 나무 밑동은 정말 은은한 황금빛을 모락모락 피워내고 있었다.

그 다음 얘기는 어렵지 않게 짐작할 수 있다. 사람들은 벼락 속에서 살아남은, 아니 그냥 살아남았다기보다, 아마도 벼락 때문에 보통 나무와는 다른 황금빛을 내게 된 밑동을 수습해 마을로 가지고 내려왔다.

얼마 안 있어 은행나무가 있던 자리에는 절이 들어

서게 되는데, 벼락 맞은 은행나무의 사연을 듣게 된 주지가 그 나무 잔해를 수소문해 절로 가져온 것이다. 그리고 그 나무로 조그마한 불상을 하나 만든다. 그 목불은 신기하게도 수백 년이 흐르는 동안 썩지 않고 절을 지킨 것이다.

박물관에 들어갈 목불은 그런 사연을 가진, 절의 성스러운 보물이었던 것이다.

∶ 앙연자실

목불에 얽힌 이 긴 전설을 물론 내가 혼잣말로 웅얼거리고 있었던 것은 아니다. 성심껏, 그리고 되도록이면 꼼꼼하게, 나는 꼬마에게 그 얘기를 들려주고 있었다. 그러나 모르는 게 거의 없는 꼬마는, 이번에도 전혀 놀라지 않았다. 처음 목불 얘기를 들었을 때, 나는 그 얘기가 너무 신비해 한동안 입을 다물지 못했는데, 꼬마는 전혀 특별하지 않은 모양이었다. 얘기를 다 들고 그냥 한마디 던질 뿐이었다.

"그런데, 행자. 그 목불을 본 적 있어?"

꼬마는 다시 나를 '행자'라고 간결하게, 그리고 조금은 하대하듯 불렀다. 시장을 떠날 때 나를 당황하게 한 나머지 취했던 조심스러운 태도는 온데간데없었다. 이 버르장머리 없는……. 그러나 나는 조용히 대답했다.

"어, 한 번 봤어."

한 번 본 것도 요행이었다. 썩지 않았다고는 하나 목불의 상태가 아주 양호한 것은 아니었다. 큰스님은 그래서 10년 전쯤 일반인들에 대한 목불 공개를 금지했고, 나 역시 목불의 관리 책임을 맡고 있는 원주 스님의 허락 아래 딱 한 번 그 모습을 볼 수 있었던 것이다.

"목불의 눈매가 좀 특이하지 않아?"

"눈매? 부처님 눈빛?"

"응."

"글쎄, 뭐랄까, 좀 특이하긴 했던 것 같은데……."

"제대로 좀 묘사해보시지."

꼬마의 막 가는 말에 익숙해진지라 별로 화도 나지

않았다. 그저 시키는 대로, 제대로 묘사를 하기 위해 목불의 눈빛을 떠올렸다. 그러고 보니, 비록 먼발치에 서였지만 목불을 처음 봤을 때 그 눈매가 희한하긴 했다. 뭐랄까, 좀 게슴츠레하다고 할까? 아니 제대로, 정말 제대로 묘사하자면, 그건 망연자실한 눈빛이었다. 그래, 맞다. 망연자실한 눈매. 나는 자신 있게 말할 수 있었다.

"맞아. 그러니까, 좀 뭐랄까 망연자실한 그런 눈빛."

얘기하면서 나도 궁금한 마음이 들었다. 붓다의 눈빛이란 게 온유하고 넉넉하면서, 그 눈빛을 보는 사람의 마음을 편안하게 해주는 그런 종류 아니던가? 모든 번뇌를 물리친 깨달음의 상태를 가장 정확히 반영하는 게 붓다의 얼굴, 그 중에서도 눈매 아니겠는가? 그러니 불상의 눈빛이, 파도 가라앉힌 바다의 모습처럼 평안한 것은 어찌 보면 당연한 것이었다. 그런데 왜 그런 이상한 눈빛이……

"꽤 괜찮은 묘사네. 망연자실. 왜 그렇게 망연자실한 건지는 당연히 모르실 테고……"

﹕싯다르타의 시선

나는 물끄러미 꼬마를 쳐다봤다. 잠깐 뜸을 들인 후에 말을 이었다.

"당연히 모르는 거, 아주 잘 아시니까 그냥 설명해주시면 되겠네."

꼬마는 빙그레, 그러니까 불상의 미소와도 같은 원만한 웃음을 흘리며 얘기를 시작했다.

"그러니까 지금으로부터 2,500년 전, 멀리 히말라야 기슭의 카필라 왕국에서 벌어진 일이지. 그곳의 태자가 바로 싯다르타였는데, 싯다르타가 누군지는 알지?"

"까불지 마시고 계속 하시지요, 스님."

"아, 네, 행자. 그렇게 하지요, 히히. 그러니까 그때 싯다르타의 나이가 거의 서른이었는데, 그게 첫 왕궁 외출이었어.[8] 그렇게 왕궁을 나선 싯다르타가 처음 본

[8]   싯다르타가 태어났을 때 왕궁을 찾은 예언자들은 싯다르타가 불세출의 구도자가 될 수 있다는 말을 전했다. 왕은 훗날 싯다르타가 자신의 왕위를 계승하지 못할 것을 두려워한 나머지, 왕궁에 모든 것을 갖추어 놓고 바깥 세상에 대한 흥미를 갖지 못하게 했다.

광경은……."

싯다르타가 본 광경은 처음엔 그저 한적한 농촌 풍경이었다고 꼬마는 말했다. 전원의 풍경을 보며 싯다르타는 왕궁에서는 느낄 수 없었던 홀가분함을 느꼈다. 투박하고 거칠지만 자유롭고 신선한 공기였다. 왕궁의 장식과 작위(作爲)가 따라올 수 없는 자연의 아름다움이었다. 그러나 그것은 순간이었다.

싯다르타의 시선이 농부에게 향하는 순간, 한적함이 일거에 사라졌다. 뙤약볕에서 바짝 그을리고 극심한 피로에 찌든 채로 쟁기질을 하는 농부의 모습이 눈에 들어왔다. 고통뿐이었다. 모든 희망과 기쁨을 탈색한 절망만이 남은 얼굴이었다. 싯다르타의 얼굴도 함께 일그러졌다. 그러나 그것은 시작이었다. 싯다르타의 시선이 농부의 야윈 손을 따라 내려가자 흙 속을 거칠게 움직이는 쟁기가 눈에 들어왔다.

그리고 흙 속에 숨어 있던 벌레 한 마리가 쟁기 사이로 툭, 튕겨 나온다. 벌레는 곧바로 자그마한 새에게 먹힌다. 그리고 새는 다시, 공중을 배회하던 독수리에

게 채어져 간다. 그 옆에는 연신 채찍을 맞아가며, 주
인만큼 지친 표정으로 느릿느릿 움직이고 있는 소 한
마리.

한낮 태양빛에 적나라하게 드러난 이 약육강식의 현
장 앞에서, 농부의 얼굴과 몸에서 읽어지는 생로병사
의 고통 앞에서 싯다르타는 눈을 질끈 감는다.

꼬마의 얘기를 듣고 있던 나는, 마음이 숙연해졌다.
2,500년 전의 광경이지만 그 광경이 너무도 생생하게
느껴졌던 것이다. 꼬마에게 물었다.

"젊은 붓다에게 그런 일이 있었던 거야?"

"응, 역시 아는 게 별로 없군."

"네, 맞습니다. 그런데 그 얘기와 목불이 무슨 관계
인 거지? 스님도 참 맥락이 없군."

꼬마가 어이없다는 듯 웃더니 말을 이었다.

"눈을 질끈 감았던 싯다르타가 계속 눈을 감고 그 자
리에 있진 않았을 거잖아?"

"그렇겠지. 그래서 어떻게 했다는 건데?"

: 반가사유 이전의 표정

"알려진 얘기는, 그 후에 싯다르타가 수행하는 신하들을 물리고 자리를 피해 인적이 드문 곳으로 갔다는 거야."

꼬마의 설명은 흥미진진했다. 그렇게 인적 드문 곳으로 간 싯다르타는, 이 세상의 약육강식과 생로병사에 대해 고민하며 깊은 사유 속으로 빠져 들었다는 것이다. 그런데 그때 포즈가 좀 독특했던 모양이다. 오른쪽 다리를 왼쪽 무릎 위로 올린 상태였고, 고개를 약간 비딱하게 기울인 채, 손가락 하나로 오른쪽 뺨을 살포시 받쳤다는 것이다. 바로 반가사유(半跏思惟)의 자세.

나는 "아하!" 하고 낮게, 신음하듯 탄성을 질렀다. 교과서에서도 배우고 박물관에서도 배웠던 '반가사유상'에 그런 뒷이야기가 숨어 있는지 몰랐기 때문이다. 나는 꼬마의 박학에 진심으로 감탄했다. 그런데 감탄하고 있는 중에, 무언가 허전한 느낌이 들었다.

"그런데 그 얘기와 목불이 어떤 관계가 있는 거지?"

멀리서 언뜻 보긴 했지만 목불은 반가사유의 자세를 취하고 있지는 않았다. 그냥 다른 불상처럼 앉아 있는 형상이었기 때문이다.

"음, 날카로운 질문이야."

속에서 '나이 든 사람 갖고 노는구나'라는 생각이 치밀었지만 꾹 참고 꼬마의 답변을 기다렸다.

"싯다르타가 한적한 곳으로 피해 다리를 꼬고 앉기 전에, 그러니까 농부와 동물들을 보며 눈을 질끈 감았다 뜬 바로 직후의 일인데……."

"응, 눈을 뜬 직후에?"

"처연한 심정을 어쩌할 수 없어 저 멀리 히말라야를 한동안 응시했다는 거야. 망연자실한 눈으로."

"아, 망연자실……."

"그런데, 이 얘기는 그리 많이 알려진 게 아니거든. 그래도 비밀이란 건 없는 거니까, 600년 전 여기 절을 지을 때 누군가 그런 사연을 소중하게 생각해서 불상에 표현하려 했던 게 아닐까 싶어. 그냥 내 생각에……."

'그냥 내 생각'이라고 말했지만, 꼬마의 설명에는 개연성이 있었다. 설령, 개연성이 없다 해도, 그래서 그냥 근거 없는 추측이라 해도 꼬마의 해설은 그냥 넘기기 힘든 매력을 지니고 있었다.

개인적인 감흥일 수도 있지만, 젊은 싯다르타의 망연자실한 눈빛은, 깨달은 붓다의 원만하고 느긋한 표정이나 반가사유의 은은한 미소보다 더 절박한 무엇인가를 내포하고 있었다. 어쩌면 그럴 수밖에 없을 것이다. 만약 꼬마가 전해준 대로, 목불의 눈매가 히말라야를 응시하던 싯다르타의 표정이라면, 그 표정은 우리가 알고 있는 붓다의 표정 중 최초의 것이 아니겠는가?

: 목불과 인부

히말라야를 망연자실한 눈빛으로 쳐다보고 있는 싯다르타를 상상하며 나는, 잠시 숭고한 느낌까지 가져야 했다. 신(神)으로 추앙받기도 하는 깨달은 이의 인간적인 모습, 그 허탈함의 추억에 나도 한동안, 먼 산을 망연자실하게 바라보는 중이었다. 그때 꼬마가 말을 걸었다.

"우리 목불이나 한번 보고 갈까?"

"볼 수 있을까? 원주 스님 허락 없이는 접근하기 어려울 텐데……."

그러나 꼬마는 내 얘기는 듣는 둥 마는 둥 하며, 안치되어 있는 절 구석의 별채로 발길을 옮겼다. 목불은 오랫동안 지켜왔던 자신의 거처에서 이제 곧 빠져나올 것이다. 건립 중인 박물관에 들어가기 전, 잠깐이라도 보수를 거쳐야 할 것이고 그러자면 당분간 유지보수 작업을 위해 창고로 들어가야 할 것이었다. 그 전에 잠시라도 그 망연자실, 서늘한 눈매를 보고 싶긴 했다. 그리고 정말, 신기하게도 원주 스님의 허락과 상관없이 목불을 볼 수 있었다. 꼬마와 내가 목불이 모셔진 별채로 갔을 때 마침, 인부들이 목불을 커다란 나무 박스에 넣고 있었던 것이다. 유지보수를 위한 이동이었다.

목불의 모습은 생각보다 초라했다. 하지만 은행나

무의 전설을 들으며, 또 싯다르타의 얘기를 들으며 내 마음 속에 환상적인 이미지로 강하게 자리 잡았던 황금빛의 거대한 목불이 아닐 것은 어쩌면 당연한 일이었다.

그러나 막 박스로 옮겨지던 목불의 얼굴 부분이 살짝 내 쪽으로 돌려지는 순간, 나와 마주친 목불의 눈매는 여전히 나를 압도했다. 측은함을 느낀 뒤의 망연자실한 눈빛이 내게는 너무도 애달프게 비쳤던 것이다. 싯다르타가 들판에서 보았던 농부와 벌레, 새의 이미지까지 겹쳐, 나는 정말 울컥할 뻔도 했다.

슬쩍 꼬마를 내려다봤다. 그러나 꼬마는 차분하기만 하다. 그는 미동도 하지 않았다.

'어린애가 뭐 이리 침착할까.'

그런 생각을 하며 꼬마의 시선을 좇는데, 그는 정작 목불을 보고 있지 않았다. 무표정한 것으로 보였던 꼬마의 얼굴은 자세히 들여다보니, 사실은 무언가를 못마땅해 하는 쪽에 가까웠는데, 그는 박스로 들어가고 있는 목불 대신 목불을 옮기고 있는 인부들 중 한 명을 바라보고 있는 중이었다.

꼬마의 시선을 좇아, 나도 그 인부를 바라보았다. 그 인부는 캡을 눌러쓰고 마스크로 얼굴을 가린 상태였는데 뭐랄까, 다른 인부들과는 조금 다른 분위기였다. 대단한 차이는 아니었다. 좀 더 젊고, 말끔하다고 해야 할까? 그리고 하나 더 굳이 말하자면, 그가 나와 꼬마를 한두 번 슬쩍 훔쳐봤다는 것이다.

그러거나 말거나……. 나는 꼬마에게 말을 걸었다.

"목불 보려면 한 열흘은 있어야겠네. 그때쯤 돼야 박물관이 완공될 테니까."

"응……. 그러겠지, 아마……."

꼬마는 딴 생각을 하는 사람처럼, 건성건성 답변하는 시늉뿐이었다.

그러거나 말거나…….

나는 암자로 발길을 돌렸다.

돌

"마지막이니 내, 너를 건네주겠다."
"깨우치기 전이야 스승님이 건네주셨지만,
이제 스스로 건너가야죠."

-육조 혜능

반나절 만에 돌아온 암자는 적막했다. 내 마음은 물론
적막하지 못했다. 젊은 붓다(붓다는 깨달은 이를 뜻하는 것
이니 정확한 의미에서 붓다는 아니겠지만), 아니 아직은 속
세에 있던 싯다르타 왕자의 고민이 자꾸만 떠올랐던 것
이다. 나는 부엌에 쪼그리고 앉은 채 2,500년 전, 한 인

간의 고민에 대해 고민(?)해보기로 했다.

: 이타적 고민

다른 고민이 아니었다. 싯다르타가 만약 자신의 생로병사를 두려워해서, 아울러 자신이 약육강식의 피해자가 되는 것을 걱정해 고민에 빠졌다면 나는 전혀 고민스럽지 않았을 것이다. 그러나 싯다르타는 완전히 이타적인 걱정 때문에, 그러니까 농촌에서 만난 생면부지 촌부의 생로병사, 그리고 자신과는 관계없는 동물(흙속에서 튕겨져 나온 벌레, 새 등등) 세계의 약육강식 때문에 고민에 빠졌다.

자신과는 무관한 제3자들의 일로 인해, 눈을 질끈 감았다가, 망연자실하게 히말라야를 바라보다가, 급기야는 다소 불안정할 수도 있는 반가의 자세로 깊은 사유에 빠졌다는 것이다. 잠시 왕궁으로 돌아가긴 했지만, 어여쁜 아내와 어린 아들까지 버리고 끝내 영원한 출가(出家)의 길로 접어들고 말았다.

　나는 그게 믿을 수 없었다. 다른 사람의 일로 인해, 나와는 관계없는 다른 사람의 안위 때문에 나의 입신양명을 포기한다는 게 쉽사리 믿어지지 않았다. 출가하지 않았다면, 싯다르타는 일국의 왕이 되었을 것 아닌가?

　세상에는 물론 다른 사람을 돕는 이들이 많다. 그러나 못난 생각인지 몰라도 그런 행위들 중 상당수가 궁극적으로는 자신의 만족과 심리적 안정을 위한 것이라고 나는 생각한다. 이타적이라고 생각했던 자신의 행위가, 사실은 저 마음 깊은 곳, 이기적 욕구의 발로였다는 것 때문에 후회하는 사람을 본 적이 있다. 말하자면 자기만족을 위한 자기희생 같은 것 말이다.

　그런데 2,500년 전 붓다는, 그러니까 붓다일 수 있었겠지만, 이 세상의 고통이 너무 안타까운 나머지 자기 자신의 삶을 버렸다. 순전한 이타적 고민 때문에 누구에게나 소중한 이기적 이해를 내팽개친 것이다. 그렇게 고행의 길을 자처했다.

: 낙오

나로 말하면 그런 수준의 고민은 바라지도 않는다. 나 역시 집을 두고 산속의 먼 절로 떠나왔지만, 나를 산으로 떠민 것은 그런 이타적 고민, 세상에 대한 연민이 아니었다. 나는 그저 나의 생로병사, 그리고 약육강식의 세계 속에서 위태한 나를 연민한 나머지 산으로 온 것이다. 그런 고민이 붓다의 박애적 고민에 비해 하잘 것 없다고 생각하고 싶진 않다. 그 고민이 절실하다면, 그래도 의미 있는 것이라고 나는 생각하고 있다.

그런데 나의 고민은 정말로 절실한 것이었는가?

나는 나 스스로를, 현대 사회의 패배자, 낙오자로 생각한다. 흔히 말하는 '스펙'의 측면에서 볼 때 경쟁력이 떨어지는 것은 아니었다. 스펙의 측면에서라면 과도할 만큼의 경쟁력을 갖고 있다고도 할 수 있다. 많은 사람들이 '명문'이라 칭해주는 대학을 나왔고, 미국 유학까지 갔다 왔다.

남들 부러워하는 대기업에서 일했지만, 견뎌내지 못

했다. 얼마간의 기간 동안 고액의 연봉과 명예를 부여받았지만, 삶의 문제를 해결할 수 없었다. 생계가 아닌 삶의 문제, 인생의 문제 말이다. 돈이 행복을 주진 않았다는 얘기다. 치이기 전에 남을 치어야 사는 구조 속에서 행복을 느낄 수 없었다. 나를 둘러싼 모든 것들이 벽이나 장애처럼 느껴졌고, 마침내 타인이 지옥이 되는 그런 상황이 발생했다.

그 이후론 마치 썰물처럼, 직장도, 연봉도, 명예도 내 손아귀를 빠져나갔다. 그런 일은 순식간에 일어나기 마련이어서, 나는 불과 몇 달 만에 내가 상상해본 적 없는 상황에 처해 좌절했다. 실업과 건강 악화, 심리적 공황, 그리고 인간관계의 파탄……

그만해야겠다. 아직 상처가 아물지 않은 일들이니……

그러나 다행인 일이지만, 좌절을 삶에 대한 포기로 연결시킬 만큼 나약하진 않았다. 나는 가까스로 스스로를 추슬러 예전과는 다른 방식으로 살아갔다. 전처럼 풍족하진 않지만, 단출한 생계를 유지해가며 '나'를 찾기 위해 노력했다. 책을 통해, 사람을 통해 지식을 흡수하고 지혜를 흡수했다.

그러나 그 모든 노력에도 불구하고 내 마음은 편치 않았다.

내 일상은 불길하고 음습한 예감으로 가득 차 있었다.

그러고 보면, 지식이나 지혜 역시 돈이 그랬던 것처럼 나를 행복하게 해줄 수 있는 것은 아니었다. 마음의 안식을 가져다주지 못했다.

더 이상은 일상을 견디기 어려웠다.

벗어나지 않으면, 쓰러질 것 같았다.

마땅히 머무는 곳 없이

그래서 나는 이 곳, 산속의 작은 암자로 떠나왔다.

하지만 이 상황은 도대체 무엇인가?

몇 달째 부엌에 처박혀 밥만 짓고 있으니 말이다. 이 러자고 집을 나선 건 아니었다. 붓다처럼 세상을 구하겠다는 원대한 꿈을 꾼 것은 아니지만, 그저 내 삶 하나를 건져보자는 소소한 꿈이었지만 그래도 나의 바람은 절실했다. 그리고 내 삶을 건질 수 있어야, 다른 이들의 삶도 건져낼 수 있을 것 아닌가? 어떤 식으로든 나의 노하우(know-how)를 전수해 줄 수 있지 않겠는가?

'제대로, 이번엔 제대로 떠나보자!'

나는 허리춤에 꽂아두었던 포켓형 금강경을 꺼내 들었다. 떠나고자 하는 의지를 다지고자 함이었다. 처음 집을 나설 때 역시 나는 금강경을 들추었었다. 갈까 말까 망설이던 그때, 금강경에서 힘을 얻고 싶었기 때문이다. 내 마음을 휘어잡은 한 구절을 보고 싶었고, 나는 그 구절에서 힘을 얻어 떠나고자 하는 마음을 다잡을 수 있었다.

나는 금강경의 열 번째 챕터에 해당하는 장엄정토(莊嚴淨土)의 분(分)을 펼쳤다. 붓다와 제자 수보리가 정토, 즉 깨달음의 땅에 대해 얘기 나누고 있는 챕터다. 그 중간쯤 밑줄 그은 부분을 천천히 음미하며 눈으로 훑었다.

應無所住 而生其心

응무소주 이생기심.

마땅히 머무는 곳 없이, 그 마음을 낼지니라.

이 짧은 한자성어를 읽을 때마다, 나는 속이 후련해졌다. 어느 곳에도 머물지 말라, 어디에 있든 구애받지 말라. 물론 무조건 떠나라는 뜻으로 해석할 수 있는 것은 아니다. 어디에 있든, 바로 그 자리에서 자신의 마음을 허심탄회하게 드러내라는 것이니 말이다. 그건 아마도 자신에게 솔직하라는 얘기일 것이다.

그러나 나는 금강경의 이 문장을 읽을 때마다 어디론가 훌쩍 떠나야겠다고 항상 생각했다. 떠나고 싶었다.

: 혜능

선불교의 실질적 창시자로 불리는 육조 혜능도 그렇게 '응무소주 이생기심' 한마디에 이끌려, 그때 막 산에서 해온 장작과 집에 계신 홀어머니를 고향에 두고 먼 길을 떠났었다. 물론 어머니에게 인사를 하고, 이웃 사람에게 그간 모았던 돈을 주며 어머니를 보살펴 달라 해놓고 떠났다고 한다.

아, 그게 중요한 게 아니다. 내가 금강경의 그 구절에 매력을 느끼게 된 것도 혜능의 에피소드 때문이란 얘기를 하고 싶었다.

일자무식 나무꾼이었던 혜능은 어느 날 장작을 해오다가 길에서 누군가 금강경을 독송하는 소리를 듣는다. 불교에 대해 전혀 공부한 적이 없었을 혜능은 그러나, 그 사람이 읊조리던 금강경의 한 구절에 마음을 홀리고 만다. 바로……

응무소주 이생기심

혜능은 나그네에게 그가 들고 있는 책이 무엇이냐고 묻는다. 그 이름을 듣는다고 그게 무슨 책인지 알 도리 없는 혜능이지만, 어쨌든 혜능은 그때 '금강경'이란 이름을 처음 듣는다. 그리고 나그네로부터 금강경에 대한 간략한 설명을 들었을 것이다. 길손은 금강경에 대해 이렇게 말했을 것이다.

"멀리 북쪽 황매산에 홍인이란 스님이 산다. 그는 금강경에 통달했는데, 사람들에게 가르치기를 금강경만 제대로 알면 부처는 되지 못해도 이 세상과 삶에 대해 더 이상 궁금한 것은 없을 것이다."

순진하고 순수했던 혜능은 길손의 말만 듣고 홍인 대사를 만나기 위해 먼 길을 떠났다.

아, 빼먹은 얘기가 있다. 홍인을 부를 때 사람들은 오조(5조)라는 별칭을 쓴다. 달리 오조가 아니다. 다섯 번째 조사란 얘기다. 그럼 첫 번째 조사는?

바로 달마다. 중국의 서쪽에서 온 달마를 선불교의 초조(初祖), 즉 첫 번째 조사라 하는데, 황매산의 홍인은 바로 달마의 5대 제자인 것이다.

달마와 홍인, 그리고 혜능까지 선의 위대한 스승들을 떠올리며 나는 혼자서 흥분했고, 급기야는 이런 생각까지 하고 말았다.

'그러니까, 내가 지금 이 절을 떠나려고 하는 것은 그저 사사로운 충동이 아니라 그 옛날 고승 달마와 정신적 교류를 나누는 그런 행위인 셈이야! 당장 떠나야 해.'

죽비

그때였다.

"따악~!"

죽비 소리가 울려 퍼졌다. 선방에서 참선 중에 졸고 있는 스님들 놀라게 할 때 쓰는 대나무 자루, 그 죽비 말이다. 소박하고도 명쾌한 소리에 나는 정신이 번쩍 들었다. 그럴 수밖에 없었다. 그 죽비가 날아든 곳은 바로 내 어깨였으니까.

꼬마였다.

"정신 차리시지. 무슨 쓸데없는 생각에 열중한다고, 옆에 사람이 오는데도 모르나?"

"이 꼬마가 진짜……. 깜짝 놀랐네. 어른이 명상에

잠겨 있으면 비켜 가든지 조용히 옆에서 기다려야지, 이게 무슨……."

"명상에 잠긴 게 아니라, 망상에 빠진 것 같던데."

"너 같은 어린애가 뭘 알겠니? 그냥 조용히 있어라."

"부엌일 싫어서 도망갈 궁리하고 있던 거 아냐?"

도망갈 궁리가 아니라, 진정한 의미에서 출가를 결심하는 중이었다. 깊은 산속 절로 들어왔지만, 내 거처는 선방이 아니라 부엌이었다. 더 이상 시간을 낭비할 수는 없었다. 그런데 도망이든, 출가든 내가 절집을 탈출하려는 것을 어떻게 알았을까? 꼬마의 신통함이 처음은 아니니 사실 신기할 것도 없지만…….

"상관할 필요 없다. 나도 길을 좀 떠나볼 요량이야. 왕궁을 떠난 붓다처럼……. 그래야 무언가 깨닫든지 말든지 할 것 같아."

"그런데 떠나는 게 정답일까? 옛날 원효 얘기 몰라?"

"원효? 해골바가지 얘기?"

"그래, 의상과 중국에 가다가……."

참으로 오랜만에 듣는 얘기였다. 초등학교 때 들었던 원효와 의상 이야기. 너무나 강한 인상을 주는 예화여서 상투적으로 느껴지기까지 하는 그런 얘기였다.

불법을 구하기 위해 중국으로 떠난 두 스님. 두 사람은 어느 날 토굴에 들어가 잠을 청하고, 원효는 목이 말라 손에 잡히는 대로 물그릇을 들어, 시원하게 들이킨다. 다음날 잠이 깬 원효는 간밤에 들이킨 게 해골바가지에 담긴 썩은 물이란 사실을 알게 된다. 그렇게 모든 것은 마음에 달렸다는 걸 깨닫고, 중국으로의 여행을 접는다.

꼬마가 원효와 의상의 얘기를 꺼낸 이유는 명백했다. 떠나건 머물건, 모든 것은 마음에 달린 것이니 그냥 눌러 앉아 있으란 것이다. 그러니까, 암자에, 아니 부엌에…….

"다 마음 짓기 나름이니 그냥 부엌에 있으라? 그렇게는 못하겠다."

┊마음속의 돌

　꼬마가 싱긋이 웃었다.

　"좋아. 떠나든 말든 상관없지만, 한 가지만 물을게."

　"물어보셔."

　"원효가 중국으로 가던 발길을 돌리면서 한 말이 뭔지 알아?"

　"몰라."

　"삼계(三界)가 오직 마음일 뿐이라고 했어."

　"삼계?"

　"무식하긴. 탐욕이 지배하는 세계, 지식이 지배하는 세계, 깨달음의 세계를 합해서 삼계라고 하는 거야."

　"음……. 일리 있는 얘기네. 내 마음이 없으면 이 세상도 없는 거지. 나도 그렇게 생각해."

　앉아 있던 꼬마가 일어나더니, 갑자기 부엌을 나섰다. 그리고 나에게 따라오라는 손짓을 했다. 꼬마를 따라 부엌을 나섰다. 꼬마는 한 3~4미터 떨어진 곳, 나무 옆에 덩그러니 놓인 돌 하나를 가리켰다.

"내가 물어보고 싶은 건……."

"응."

"저기 저 돌은 마음 안에 있어, 마음 바깥에 있어?"

다시 법거량이었다. 꼬마한테 다시 당할 수는 없었다.

전광석화란 이럴 때를 두고 하는 얘기일 게다. 나는 바람과 깃발에 얽힌 선가의 에피소드를 순간적으로 떠올렸다.

나무에 매달린 채 흔들리고 있는 깃발을 보고 누군가가 묻는다.

"깃발이 흔들리는 것인가, 바람이 흔들리는 것인가?"[9]

"흔들리는 건……, 마음이지요."

나도 호흡을 가다듬고 결연하게, 확고한 어조로 답했다.

[9]   육조 혜능(六祖慧能, 638~713년)이 아직 세상에 자신을 드러내기 전, 중국 남쪽 지방의 한 절에 들러 인종 스님의 '열반경' 강의를 들을 때 생긴 에피소드의 차용이다. 혜능은 당시 "흔들리는 건 바람도, 깃발도 아닌 마음"이라 얘기했다. 그로 인해 달마의 계승자임이 세상에 드러나게 되었다.

"돌은……, 물론 마음 안에 있지요?"

꼬마가 오른손에 쥔 죽비로 왼손바닥을 가볍게 내려쳤다. 타닥~! 경쾌한 소리가 났다. 이어지는 꼬마의 일갈은…….

"길 떠나겠단 사람이 무거운 돌을 마음에 두고 있어도 될까?"[10]

[10] 행각 중이던 법안 문익(法眼文益, 885~958년)이 깨우친 사연이다. "행각승이 어찌 돌을 마음에 두고 다니는가"라는 말로 문익을 깨친 이가 나한 계침(羅漢桂琛, 867~928년)인데, 계침 역시 "삼계(三界)가 오직 마음일 뿐"이란 말을 앞세웠다. 일종의 함정일 수도 있는 귀띔이다. 문익과 계침의 에피소드에는 물론 원효는 등장하지 않는다.

길

"절벽에 가까스로 매달려 있지만
곧 떨어질 듯합니다. 어찌 할까요?"
"손을 놓게."

-야부 도천

무거운 돌을 가슴에 품은 채로 나는 암자를, 아니 부엌
을 빠져 나왔다. 살면서 잠깐, 돌 하나쯤 가슴에 품고 돌
아다니는 게 대수인가? 번거롭지만 그 번거로움을 친구
삼아 나만의 길을 가리라. 나는 호기롭게 길을 나섰다.

: 회자정리

꼬마는 서운한 듯, 길 떠나는 나를 지켜보았다. 많이 아쉬워하는 표정이었다. 그러고 보면 짧은 기간이었지만 꼬마와 티격태격 다투면서 정이 들기도 했다. 희한하고 신비스러운 꼬마였다. 무불통지(無不通知)라 해야 하나? 어느 곳에도 두루 막힘이 없었다. 그러나 자신의 정체(?)에 대한 얘기가 나올라치면 애매모호한 답변으로 일관했다. 마치 자신이 정말 전설의 달마인데 그걸 노출해선 안 된다는 것처럼 말이다.

"어쨌든 행각을 한다 하니 조심하고, 깨달음도 얻고 그러세요."

선승이 여기저기 돌아다니며 수행하는 것을 행각(行脚)이라 한다. 구름처럼, 물처럼, 바람처럼 그렇게 머물지 않고 떠돌다보면, 좋은 인연을 만나지 않겠는가? 그래서 선승들은 가진 것 없이 홀가분하게 이곳저곳을 돌아다녔다. 꼬마는 모처럼 존댓말을 하며, 행각에 나서는 나를 격려하려는 듯했다.

"어인 일로, '요'를 붙이시나? 그래, 잘 지내라. 앞으로는 어른들한테 좀 겸손하고⋯⋯."

"잘 가, 행자. 회자정리 아니겠어?"

회자정리(會者定離)라⋯⋯. 맞는 말이다. 만난 사람 헤어지기 마련이다. 역시 똑똑한 꼬마다. 아무것도 아닐 수 있는 이별에, 한자성어로 특별한 의미를 부여하다니⋯⋯. 꼬마가 기특하다는 생각마저 들었다.

"그런데⋯⋯."

"그래. 그런데? 얘기해봐."

"그러니까, 떠나봐야 다 부처님 손바닥 아니겠어?"

나는 고개를 숙인 후, 한숨을 쉬며 마음을 가라앉혔다. 꼬마가 더 심사를 뒤틀리게 했지만, 헤어지는 마당에 일일이 맞대응하기도 싫었다.

"꼬마, 회자정리까지만 하자! 나 간다."

: 젊은 선승

나는 그렇게 꼬마를 뒤로 하고 길을 떠났다. 그런데 사람들은 왜 길을 떠나려는 걸까? 길 떠나는 이유는 아마 두 가지일 것이다.

채우거나 아니면 비우거나…….

사람들은 무언가 채우고 싶어서, 그게 아니면 무언가 버리고 비우고 싶어 길을 떠난다.

나는 어느 쪽일까? 당연히 비우는 쪽이다. 체험해본 적은 없지만 진리는 손으로 붙잡을 수 있는 게 아니라, 텅 빈 무엇이란 얘기를 듣고 또 들었다. 이 세상의 본질은 공(空)으로, 그것은 볼 수도, 들을 수도, 만질 수도 없다. 무엇인지 알 수 없지만, 그 공이란 것의 근처에 나마 가려면 일단 비우고 또 비워야 한다고 나는 생각했다. 그런데 뭘 비우자는 거지?

부유하는 생각들을 그렇게 머릿속에 가득 채운 채 산길을 홀로 걸었다. 족히 반나절을 걸었을 것이다. 주위로 흰 꽃을 흐드러지게 피워낸 치자나무들이 나타났

다. 그렇게 아름답게 도열한 치자꽃들 사이를 축복받은 듯 걸어가는 중에, 정좌하고 있는 사람 하나를 포착할 수 있었다. 승복 차림에, 가진 것이라곤 옆에 둔, 단출한 걸망 하나뿐. 스님은 산길이 급하게 치고 올라가다 잠시 멈춘 듯한 언덕 위에 앉아 있었다. 그런데 이게 웬일인가? 스님의 어깨 위로 새 한 마리가 정답게 앉아 있지 않은가?

나는 걸음을 멈추고 거리를 둔 채, 언덕 위 나무 옆에서 명상에 든 스님을 조용히 바라보았다. 새는 한 마리가 아니었다. 이 새가 날아가면, 저 새가 날아들고, 조금 있다 또 다른 새가 날아들고……. 스님 주위로는 새들이 끊이지 않고 날아들었다.

'어떻게 저럴 수 있을까? 새들이 하나도 꺼리는 기색이 없네.'

놀랍다는 생각을 하고 있을 때, 스님이 눈을 떴다. 팔을 들자, 어깨에 있던 새가 자연스럽게 스님의 손으로 내려앉았다. 스님은 대화라도 하듯, 새를 보면서 미소를 짓기도 했다.

나는 스님에게 다가갔다. 새들이 놀란 듯 후드득 날아갔고, 스님은 그때서야 내 쪽으로 고개를 돌렸다.

: 세 가지 독

젊은 스님이었다. 속세 나이로 보자면 20대 중반? 나보다 대여섯은 젊은 듯했다. 햇볕에 그을린 얼굴은 가무잡잡했지만, 맑았다. 눈은 깊고 투명했다. 나는 조심스럽게 물었다.

"스님, 새들이 어떻게 그렇게 겁을 안 내지요?"

조심스럽게 물었다고는 하나 스님에게는 물론, 낯선 행인의 갑작스러운 질문이었다. 그러나 스님은 전혀 당황하는 기색 없이 온화한 표정으로 답했다.

"글쎄요. 오랫동안 육식을 삼가고, 살생을 피한 탓일까요?"

"아, 네. 육식……, 살생…….."

너무나 명쾌한 답이었지만, 또 너무 싱거운 답이기

도 했다. 육식과 살생을 삼가는 것으로 새들과, 나아가 자연과 저만큼 벗할 수 있는 것이라면 왜 다른 스님들 곁에서는 새가 노닐지 않는 것일까? 절에서 숱한 스님들을 봤지만 새와 벗할 만큼 자연과 한 몸인 이들을 본 적은 없으니까.

무언가 만족스럽지 못한 내 표정을 읽은 것일까? 스님이 먼저 말을 꺼냈다.

"아니면, 몸에 있는 독이 많이 빠진 걸까요?"

"독이요? 사람 죽이는 그 독?"

스님은 탐진치(貪瞋癡)를 말했다. 불가(佛家)에서 삼독(三毒)이라 칭하는 것들이다. 탐욕과 노여움과 어리석음. 뭐랄까, 번뇌하는 중생들의 표식이라 할까? 중생을 계속 중생에 머물게 하는, 다른 세계로 진입하려는 중생의 발목을 꽉 잡고 놓지 않는 세 가지 본능을, 옛사람들은 독으로 취급했다는 것이다. 그 독을 뺐기 때문에 자신이 새들과 노닐게 된 것일 수도 있다는 얘기였다.

새와 노니는 것은 둘째 치고 우리의 삶은 탐욕과 노여움과 그리고 어리석음 때문에 날마다, 또 얼마나 심하게 피폐해지곤 하는가?

:화

갑자기 찾아든 객(客)이 별로 안중에 없는지 스님은 삼독을 얘기하고는, 바다처럼 그윽하게 펼쳐진 먼 산들을 잠자코 바라볼 뿐이었다. 나는 조금 떨어진 곳에 앉아 사람을 망치는 세 가지 독에 대해 생각했다. 탐욕과 노여움과 어리석음, 그 세 가지의 독 가운데 나에게 가장 큰 해악을 끼치고 있는 독은 어떤 것일까?

과거를 탐색하던 내 머리는 두 번째, 진(瞋)에서 멈추었다. 노여워하고, 성내고, 분노하고, 화내는 습관이 나의 삶을 황폐하게 했다는 생각이 들었다. 탐, 그 욕심에 관해서라면 별로 거리낄 게 없었다. 치, 그 어리석음이라면 꽤 어리석은 게 사실이지만 그래도 내가 어리석다는 사실을 내내 인지하고 인정하며 살았으니 그것도 별로 독(毒) 될 게 없었다. 그러나 분노랄까, 화에 관해서라면 별로 할 말이 없는 편이다.

산으로 들어오기 전 내 마음 상태는 거의 화병 수준이었다. 직장에서, 또 직장이 아니더라도 사람들을 만나면서 쌓인 울화는 치유 불가능의 상태였다. 그것은 아마도 내게 주어진 상황을 죄다 남의 탓으로 돌리는, 잘못된 습관에 기인했을 게다. 그러나 습관은 고치기 어려웠고, 그나마 화를 진정시키고 살 수 있었던 것은, 사람들과의 접촉을 줄이면서나 가능했다.

그러나 사람들을 만나지 않는다는 것은 무슨 뜻인가? 사회에서 제대로 살아갈 수 없다는 뜻일 뿐이다. 나는 소극적으로 변해갔고, 움츠려들었고, 끝내는 외톨이가 되었다. 개인적으로 힘들고 부끄러운 일이지만 절에 들어온 것은 그렇게, 혼자가 되고 난 이후의 일이다.

그렇다면 산에 들어와, 부엌일을 하다가 행각에 나선 지금, 내가 해결해야 할 문제는 명확한 셈이다. 나의 분노, 넓게 보아 나의 삼독, 그 탐·진·치를 어떻게 종식시킬 것인가, 그 길을 찾아야 하는 것이다. 그 길은 도대체 어디에 숨겨져 있는 것일까?

: 치자꽃 향기

나는 스님 쪽으로 고개를 돌렸다. 이제 새들은 없었다. 나는 정좌하고 있는 스님 쪽으로 다가가 물었다.

"스님, 뭐 하나 여쭤어도 될까요?"

"말씀하시지요."

쉽사리 말문이 트이지는 않았다. 삼독을 소멸시킬 수 있을 방법을 묻는 것은, 어쩌면 불법을 묻는 것이나 다름없었다. 번뇌의 주범인 삼독을 소멸시킨다는 것은, 깨달음을 얻는다는 것과 같은 얘기이기 때문이다. 그러나 염치없지만, 묻는 데 돈이 드는 것은 아니지 않은가? 나는 단도직입, 거두절미의 모양새로 스님에게 물었다. 간결하게 그리고 최대한 정중하게……

"스님, 삼독에 관해 말씀 주셨으니, 삼독을 멸하기 위한 방편도 알려주셨으면 합니다."

"그건 불법이 무언지 털어놓으라는 얘기네요. 흠……"

스님은 웃었다. 웃을 법하다. 처음 만난 사람한테 다

짜고짜 불교의 최고 진리를 내놓으라고 했으니 말이다. 나는 더 뻔뻔해지기로, 아니 담대해지기로 마음먹었다. 어차피 질러 놓은 바에야, 더 강하게 나가는 게 최상의 방법일 수 있으니…….

"네, 스님. 조사가 서쪽에서 오신 까닭이 궁금합니다. 그 비밀스런 뜻이 무엇인지……."

말을 끝내면서 나도 스님을 따라 슬며시 웃었다.

조사서래의(祖師西來意). 달마가 서쪽에서 온 뜻이 무엇인가?

선어록에 흔히 등장하는 질문으로, 불교의 최고 진리를 우회적으로 묻는 문장이다. 달마가 위험을 무릅쓰고 서역에서 중국으로 온 것은 불법을 전하기 위함이었다. 그렇기 때문에 달마의 동진(東進)을 묻는 질문이 불법에 대해 묻는 질문이 된 것이다. 하여간, 나는 부끄러움을 무릅쓰고 그렇게 물었던 것이다. 도대체 달마는 왜 중국에 왔습니까?

스님은 다시 빙그레 웃더니 눈을 감고 고개를 천천히, 크게 한 번 돌렸다. 무슨 냄새를 맡는 듯한 동작이었다.

"지금 치자꽃 향기를 맡고 있습니까?"[11]

"네?"

나는 산길에 들어설 때 보았던, 치자나무의 흰 꽃들을 다시 쳐다보았다. 그리고 다시 답했다.

"네. 꽃향기가 납니다."

"비밀스러운 것은 하나도 없습니다. 다 드러나 있지요. 삼독을 멸하는 불법도, 조사가 서쪽에서 오신 뜻도 숨겨진 것은 하나도 없습니다. 따로 설명드릴 것도 없고요."

[1 1]　황룡 조심(黃龍祖心, 1025~1100년)과 유학자 황정견(黃庭堅) 사이에 오간 대화가 원전이다. 특이하게도 '논어'가 등장하는 선(禪) 에피소드다. 조심은 "그대들에게 내가 무엇을 숨긴다고 생각하는가? 나는 아무것도 숨기지 않네"라는 공자의 말을 인용하며, "그게 어떤 의미인가?"라고 황정견에게 물었으나 그는 대답하지 못했다. 당시 두 사람 주위에는 치자꽃 향기가 피어오르고 있었던 모양이다. 조심은 황정견에게 "치자꽃 향기를 맡고 있는가?"라고 물은 뒤 "내가 그대에게 숨기는 것이 없다"고 말을 맺었다. 선의 높은 기세를 미루어 짐작할 만하다.

황룡

뭐랄까, 몽둥이로 뒤통수를 얻어맞은 느낌이었다. 정신이 확 깼다. 모든 게 드러나 있다고 했다. 그러니까 깨달음에 이르는 길은, 만천하에 자신을 드러내고 있으니 어렵게 찾아다니지 말라는 얘기다. 산마루를 채운 꽃향기처럼 어느 곳이든 열린 게 길이니, 그 길을 찾겠다고 애쓰지 말라는 얘기다.

그러나 무언가 감이 잡힐 것 같았지만, 다시 한 번 손으로 거머쥘 수 있는 것은 아무것도 없었다. 그저 짙은 치자꽃 향기만이 내 정신을 혼미하게 할 뿐이었다. 아득한 정신을 깨치려는 듯, 낭랑한 목소리가 귓전을 때렸다. 스님이었다.

"그런데 행자는 어디 가까운 절에 묵으시오?"

"아, 네. 저는 저 아래, 그리 멀지 않은……."

"혹시 소림사에 머물고 계신?"

"아, 소림사……. 그러니까, 맞긴 한데, 정확히는 소림사에 딸린 작은 암자에 있었습니다."

"그렇군요. 안 그래도, 소림에 영험한 목불이 있다기에 구경을 한번 할까 하던 참입니다. 행자는 목불을 봤습니까?"

"그냥 먼발치서 보긴 했는데……. 그보다 스님, 열흘은 있어야 목불을 보실 수 있습니다."

"왜지요?"

"그러니까, 그게…….."

나는 스님에게 상황을 설명해주었다. 절 옆에 박물관을 짓고 있다는 얘기, 목불은 지금 포장을 해서 창고에 보관 중이며, 박물관이 완공되면 그 곳에 전시될 것이란 얘기를.

"그렇군요. 그때나 다시 와야겠군요. 고맙습니다."

"별 말씀을요. 그보다 스님."

"말씀하시지요."

"법명을 여쭈어도 될까요?"

스님이 뜻 모를 미소를 짓더니 조용히 말했다.

"황룡입니다, 황룡."

참 희한한 법명이란 생각이 들었다. 법맥이라도 물

어볼까 하는 생각이 들었지만 그냥 잊고 말았다. 순간,
바람이 불며 진한 치자꽃 향기가 다시 정신을 혼미하
게 했기 때문이다. 나는 옆으로 고개를 돌려 화사하게
핀 치자꽃들을 쳐다보았다.

'다 드러나 있다는데, 길은 왜 보이지 않을까?'

안타깝다는 생각을 하며 다시 스님 쪽으로 고개를
돌렸다.

어라!

길 끊긴 곳, 벼랑 쪽에 앉아 있던 스님이 그새 사라
졌다.

도대체 갑자기 어디로 사라진 걸까? 그야말로 귀신
이 곡할 노릇이었다.

ː백척간두 진일보

나는 십여 미터 앞, 스님 그러니까 황룡 스님이 정좌
했던 자리로 걸어갔다. 엉거주춤 그 자리에 서서 아래

를 내려다보니 아찔했다. 그야말로 절벽이었다. 이런 곳을 두고 백척간두(百尺竿頭)란 말을 쓰는 것인가? 위태롭기 그지없는 곳이었다.

스님은 그런 위험한 곳에, 그것도 벼랑 끝으로 바짝 붙어 앉아 있으면서도 내내 여유로웠던 것이다. 새와 노닐었고, 여전히 알쏭달쏭하지만 무언가 심상치 않은 듯한 가르침까지 주었다. 그리고 도술을 부린 것처럼 순식간에 사라지기까지 했다.

나는 그가 떠난 바로 그 자리에, 사실은 겁이 났기 때문에 그 자리에서 약간 안쪽으로, 그의 모습을 기억하며 정좌했다. 그리고 그와 나눈 대화를 음미하기 시작했다.

새와 자연스럽게 노닐고 있던 스님에게 나는 비결을 물었고, 그는 마음의 독이 빠진 덕 아니겠느냐고 했다. 탐욕과 성냄과 어리석음, 그 세 가지 독을 버릴 수 있는 길을 나는 물었고, 그는 대답 대신 치자꽃 내음을 음미할 것을 주문했다. 자신을 가감 없이 드러내는 꽃향기처럼, 마음을 비우는 방법도 온 천하에 이미 드러나 있다는 말이었다. 도처에 길인데, 따로 무슨 길을 찾느냐는 얘기였을 것이다.

그러나 다른 사람에겐 몰라도, 나에겐 사방이 콱 막혀 있다는 게 문제였다. 치자꽃 향기 앞에서 내 길은 뚝 끊어졌다. 도대체 어디서 출구를 찾아야 한단 말인가? 그리고 도대체 스님은 또 갑자기 어디로 사라졌단 말인가?

옛 조사들은 수행하는 이들에게 백척간두에서 진일보(進一步)하라고 주문했다던데, 젊은 황룡 스님도 그렇게 낭떠러지에서 한 걸음 더 딛고 나가신 걸까? 나의 상상력은 여러모로 얄팍하고 우왕좌왕했다.

나는 차라리 눈을 감기로 했다. 조용히 눈을 감고 선정(禪定)에 들면 그 길이 보이지 않을까? 황룡의 흉내를 제대로 내보자 결심한 것이다. 오랜 고행을 접고 보리수 밑에 앉은 붓다처럼, 나도 선정에 들고자 했다.

'나도 한번 제대로 된 길을 찾아내, 깨달음의 경지로 진입해보자. 붓다가 될 사람이 따로 정해진 것은 아니지 않은가?'

호기롭게 마음을 다지면서 눈을 감았다.

: 거자필반

그러나 붓다가 되기 위한 나의 시도는 얼마 지나지 않아 중단되었다. 어디선가 돌을 갈고 있는 소리가 들려온 것이다. 나는 고개를 돌린 채, 실눈을 떴다. 작은 체구의 누군가가, 체구만큼 작은 손으로 돌 하나를 쥐고, 넓고 평평하게 생긴 다른 돌 하나를 갈고 있었다. 박박, 소리를 내면서…….

아……, 그 녀석이었다.

나는 눈을 번쩍 뜨면서, 버럭 소리를 질렀다.

"야, 꼬마. 넌 또 여기 왜 있어? 그리고 뻔히 좌선 중인지 알면서, 시끄럽게 왜 그래?"

"뭘 왜 그래?"

꼬마가 갑자기 나타난 것보다 무슨 이유로 돌을 갈고 있는지, 당장은 그게 더 궁금했다.

"무엇 땜에 그렇게 돌을 갈고 있느냐고?"[12]

"아, 돌. 그거 갈아서 거울 만들려고."

"뭐, 거울? 돌을 백날 갈아봐라. 그게 거울이 되겠니? 별 해괴한 짓거리를 다 보겠네."

"해괴? 행자도 해괴하네요. 돌을 간다고 거울 되는 게 아닌데, 좌선 한다고 부처가 되겠어? 지금 부처 되겠다고 그러고 있는 거 아냐?"

나는 꼬마를 노려보았다.

"비슷한 얘기를 어디서 들어본 거 같은데……. 그거 어디 책에 나오는 얘기 아냐?"

"항상 중요한 게 뭔지 몰라요. 그게 무슨 상관이야, 앉아서 눈 감고 있다고 부처가 되는 게 아니라는 게 중요하지."

논쟁하지 않기로 했다. 사실은 꼬마를 보고 많이 반

[12]　불세출의 선사 마조(馬祖. 709~788년)가 수행 시절 겪었던 사연이다. 마조가 육조 혜능의 직계인 남악 회양((南嶽懷讓, 677~744년)이 주지로 있는 한 절에서 좌선을 하고 있었다. 그때 회양이 마조 곁으로 다가가더니 벽돌 하나를 바위에다 갈았다. 의아해하며 "난데없이 벽돌을 왜 가시느냐"고 묻는 마조에게 회양이 들려준 답이 "갈아서 거울을 만들려고"였다.

가웠기 때문이다. 그 정도 경미한 '도발'에 대응하느라 반가움을 반감시키기는 싫었다. 그러나 나 역시 반가움을, 솔직하게 드러내기는 싫었다.

"회자정리라면서……. 여긴 어쩐 일이야. 내 뒤를 쫓아오기라도 했나?"

꼬마는 잠깐 겸연쩍은 듯 웃었지만, 이내 당돌한 표정을 되찾았다. 그리고 결연한 목소리로 한마디를 던졌다.

"거자필반!"[13]

거자필반(去者必反)이라……. 짐작이 맞는다면 떠난 사람은 반드시 돌아온다는 뜻이리라. 왜 그런 한자성어가 생겼는지는 이해하지 못했지만…….

꼬마는 그렇게 갸우뚱하는 내 속내를 아는지 모르는지, 권투선수가 연타를 날리듯 속사포처럼 짧은 문장 하나를 읊조렸다.

[13]　회자정리(會者定離) 거자필반(去者必反). 만난 사람 헤어지고, 떠난 사람 다시 돌아오기 마련이라는 뜻으로 '법화경(法華經)'에 나오는 구절이다.

"우리는 만날 때에 떠날 것을 염려하는 것과 같이, 떠날 때에 다시 만날 것을 믿습니다."

나중에 알게 된 것이지만, 그것은 만해(萬海) 선사의 시 구절이었다.

꼬마가 왜 그 구절을 읊었는지는, 그때로선 도무지 이해할 수 없었다.

무의미

"한 걸음 나아가면 도를 잃고, 한 걸음 물러서면
물건을 잃는다. 나아가지도 물러서지도 않는다면
돌처럼 무감각해질 것이다. 어찌하겠느냐?"
"……"
"한 걸음 나아가면서, 동시에 한 걸음 물러서게!"
-법운 선사

황룡과 헤어졌지만 그와의 기이한 대화는 쉽게 잊히지
않았다. 심각한 나의 질문에 그가 답으로 되돌려준 것은 치자꽃 향기였다. 그는 "꽃향기를 맡으라"고 했다. 황룡과 내가 선 자리를 아무렇지도 않은 듯 가득 채우고 있던 그 꽃향기로, 진리를 묻는 나의 말문을 막았다.

: 동문서답

그런데 그런 동문서답에 과연 의미랄 게 있을까? 삶을 관통하는 진리가 무엇이냐고 묻는 질문에, 주위에 가득한 꽃향기를 환기시키며 "다 드러나 있지요!"라고 말하는 게 과연 진지한 태도인가 하는 것이다. 물론 그런 생뚱맞은 답변은 확실히 주의를 환기시키기는 한다.

어쩌면 연극하는 사람들이 얘기하는 '낯설게 하기'와 비슷한 것일까? 얼토당토않은 대사와 상황을 이용해 익숙한 것들을 낯설게 만드는 방법으로, 일상을 새롭게 보게 하는 그런 방식일지도 모른다는 것이다.

그러고 보면, 부엌에서 처음 꼬마를 만난 후 그런 기묘한 상황이 자주 벌어졌다. 읍내 시장에서 만난 정육점 주인은 좋은 고기를 추천해달라는 손님들이 있을 때마다 "최상품이 아닌 부위가 있겠느냐"는 소리를 해대지 않았는가? 굳이 정육점 주인이 아니더라도 꼬마와의 대화가 대개 그런 식이었다.

쌀을 씻고 있는데 갑자기 쌀과 돌을 가려보라 하지 않나, 박물관 짓는 데 돈 대는 일은 하나마나한 짓이라고 비난하질 않나, 깨달음을 얻는 길은 개울물 소리에 감춰져 있다는 희한한 얘길 하지 않나. 옛날 달마 대사가 양나라 무제를 만나, "없소!" "모르오!" 같은 몇 마디 말로 퉁명스럽게 대하고 당황하게 한 것은 대사가 중국말을 잘 못했기 때문이란 꼬마의 해설 역시 기이하기 이를 데 없었다.

이상한 것은 그런 기묘한 상황과 대화를 접하면서 그 상황과 대화를 내가 완전히 무시하지 못했다는 것인데, 그건 혹시 나의 지나친 진지함과 심각함 때문이 아니었을까? 사람들이 어떤 대상을 아름답다고 느끼는 것은, 그 대상의 아름다운 어떤 성질 때문이 아니라 아름다움을 느낄 수 있는 관찰자의 태도 때문이란 얘기를 하지 않던가?

지나간 며칠을 되새겨보자니 머리가 다 지끈지끈 아팠다.

그러니까 단순하게 말하면 내가 꼬마와 꼬마를 만나면서부터 맞닥뜨리게 된 상황을 진지하게 바라보려 해서 그렇지, 사실은 그런 것들이 아무것도 아니란 얘기일 것이다.

모든 상황은 해프닝일 뿐이고, 모든 대화는 말장난일 뿐이란, 그런 얘기다. 내가 심각하지 않으면, 어떤 이상한 일도, 어떤 기묘한 대화도 내 앞에 나타나지 않을 것이다.

노블

"뭐가 그리 심각하신가?"

다시 시작된 꼬마와의 동행을 잊고 있었다. '회자정리'로 헤어졌다가 '거자필반'으로 다시 조우하게 된 바로 그 꼬마. 나의 친애하는, 어린 달마 말이다.

"전혀, 전혀 심각하지 않습니다. 달마 대사님."

"흐흐흐. 행자, 왜 그러세요."

"흐흐흐? 대사, 까불지 마시오. 일단 절을 나왔으니 산천 구경이나 하고 가자. 큰스님도 내가 그렇게 부엌에서만 혹사당한 걸 뒤늦게 알면, 1, 2주일 나갔다 왔다고 절에서 쫓아내진 않을 거야, 아마도."

"뭐 그건 내가 신경 쓸 바는 아니고……. 행자!"

"왜?"

"이왕 큰마음 먹고 나온 거, 한 경지에 이른 고수를 한번 만나보는 건 어때? 스님은 아니고, 말하자면 그냥 속세의 은둔 거사 중 한 분이지."

피할 이유가 전혀 없었다. 그것은 고수를 만나 깨달음의 길로 진입하기 위한 의욕 때문이 아니라, 누가 무슨 얘기를 하든 흔들리지 않을 자신이 있었기 때문이다.

"누군데? 만나지, 뭐."

"좋아, 가지. 노불이 계신 곳으로."

노불? 처음엔 무슨 영어로 붙인 존칭인가 했다. 한 경지에 진입하고 너무 고상해져서 노블(noble, 고상하다는 뜻의 영어)해졌다는? 그러나 그야말로 너무 '노블'한 생각이었다. 꼬마가 다시 풀어준, 거사의 이름은 늙은 부처, 노불(老佛)이었던 것이다.

"하하하. 자칭 늙은 부처야? 황당하네. 이름은 마음대로 하시라 하고. 어쨌든 가보자고."

: 내려놓게!

두 시간 남짓을 걸어 도착한 곳은 조그마한 정원이 딸린 아담한 집이었다. 그냥 소박한 한옥일 뿐, 늙은 부처의 거처로 예상했던 기괴한 토굴 같은 것은 아니었다. 꼬마가 울타리 밖에서 "어르신!"이라 외치자, 차분한 목소리로 누군가 대답했다.

"오셨는가!"

갑작스런 외침이었는데도, 전혀 당황하지 않은 대답이었다. 나는 꼬마에게 "우리 온다고 얘기했니?"라고 조용히 물었고, 꼬마는 그보다 더 조용한 목소리로 "아니……"라고 대답했다.

'진짜 늙은 부처인가 보네. 꼭 누가 올지 알았던 사람 같아.'

그러나 나는 절대 진지하거나 심각해지지 않기로 결심한 상태였기 때문에, 노불의 그런 차분한 대답에도 놀라지 않았다. 누구에게나 "최상품 아닌 곳이 어디 있겠느냐"고 반복하던 정육점 주인과 같은 경우라고 생각하면 그만이었다. 어느 시간에 누가 부르든 그냥 "오셨는가!"라고 아무렇지 않은 듯 응대하는 게 수법일 수도 있지 않은가. 나는 비웃음을 어렵게 참고 있다는 듯, 볼멘 표정과 툴툴거리는 걸음걸이로 꼬마를 쫓아 노불의 거처로 들어갔다.

자리에 일어나 있던 노불은 꼬마와 나를 향해, 가볍게 합장을 하고 자리에 앉았다. 우리도 따라 앉았다. 잠시 침묵……. 노불의 풍모는 뭐랄까, 약간 신선의 풍모라 할 수 있었다. 조그마한 몸집, 몸집만큼 조그마한 얼굴, 약간은 졸린 듯 너그러운 표정, 깔끔하게 손질한 백발이 모여 정갈하고도 신비한 분위기를 풍기고 있었다.

나는 세 사람 사이의 침묵이 상황을 진지하거나 심각하게 만들 우려가 있다고 생각했고, 그래서 침묵을 깨기로 했다. 그렇다고 처음 만난 자칭 부처에게 딱히 할 말이 있던 것도 아니었다.

"저, 제가 급히 오느라 빈손으로 이렇게 찾아뵙게 됐습니다."

"그럼 내려놓게!"[14]

"네?"

이건 또 무슨 어처구니없는 대화란 말인가? 갑자기 화가 치밀었다. 어색한 분위기도 깨볼 겸, 형식적이라는 비난이야 있을지언정 나름대로 신경을 써서 예의를 갖춘 것인데……. 어쨌거나 한 수 배움을 청하러 오면

[1 4]   조주(趙州, 778~897년)의 유명한 방하착(放下着) 공안이다. '방하착'은 내려놓으란 뜻이다. 방하착은 착득거(着得去)와 한 짝을 이룬다. 본문의 "그럼, 계속 들고 있든지!"가 바로 착득거에 해당한다.

서 빈손으로 온 것이 미안하다고 얘기를 한 것인데, 뜬금없이 내려놓으라니…… 지금이라도 나가서 내려놓을 무엇을 가지고 돌아오라는 얘기인가? 화를 굳이 참지 않기로 했다. 핏대를 올리며 대꾸했다.

"아니, 가진 게 없다고 말씀드렸는데 내려놓으라니요?"

"그럼, 계속 들고 있든지!"

차나 한잔

나는 짜증으로 얼굴이 벌개졌고, 노불은 시종일관 평안한 표정이었으며, 꼬마는 고개를 숙인 채 킥킥대고 있었다.

참으로 황당했다. 살면서 내가 맞닥뜨린 상황 중, 나중에 손으로 꼽아도 좋을 만큼, 그 정도로 아주 기분 잡치게 하는 상황이었다. 정작 나에겐 아무것도 없는데, 그냥 내 몸 하나일 뿐인데 내려놓으라니…… 계속 들고 있으라니……. 말장난의 극치로밖에 생각할 수 없었다.

그렇다고 자리를 박차고 나가는 것도 노인에 대한 예의는 아니었다. 대신, 나를 이 희한한 처소로 데려와서는, 자신은 킥킥대고 있는 꼬마를 째려보고 있는데 개량 한복 차림의 젊은이가 한 명 들어왔다. 갓 스물을 넘었을 것 같은 젊은이는 제법 구색을 갖춘 다기를 들고 조심스럽게 방으로 들어왔다. 그리고는 무릎을 꿇고, 노불과 나 사이에 단아하게 앉았다.

노불이 가까스로 웃음을 멈춘 꼬마 쪽으로 얼굴을 돌리며 묻는다.

"스님도 소실봉에서 지낸 지가 꽤 됐지?"

내가 부엌일 하던 암자가 있는 봉우리의 이름이 바로 소실봉(少室峰)이었다. 그보다 노불 거사가 꼬마에게 완전한 존대는 아니지만 '스님' 호칭을 붙이며 점잖게 말을 건네는 모습이 인상적이었다. 꼬마도 장난기를 버리고 점잖게 대답했다.

"그러게요, 거사님. 벌써 한 9년은 된 것 같습니다."

9년? 이 꼬마, 정말 정신 나간 것 아냐? 나는 말은 안 했지만 속으로 꼬마의 머리를 한 대 쥐어박고 싶다는 생각을 했다. 기껏해야 열 살을 갓 넘겼을 나이인데, 9년을 얘기하면 돌 지나고 산에 곧바로 들어왔다는 얘기인가? 뭐, 누군가 갓난아기를 절에 맡겼을 수도 있으니 아예 말이 안 될 건 없지만······.

그러나 노불은 숫자 따위에는 전혀 신경 쓰지 않는다는 듯, 한마디를 툭 던질 뿐이었다.

"그럼 차나 한 잔 하게."[15]

"네, 거사님."

노불은 이번엔 내 쪽으로 시선을 돌렸다. 그리고 물었다.

"행자는 소실봉에 온 지 얼마나 됐나?"

"아, 네. 저는 그저 한 달 정도······."

"그래, 그럼 행자도 차나 한 잔 하게."

탐 · 진 · 치 삼독을 잡아야 한다고 황룡 스님은 말

[15]   역시 조주의 공안을 빌려온 것이다. '끽다거(喫茶去)'란 말로 알려진 화두다.

했다. 삼독 가운데 진, 즉 노여움을 억제하지 않으면 깨달음은 고사하고 세속의 행복도 보장받을 수 없다는 생각을 하며 나는 마음을 가라앉혔다. 그러나 치밀어 오르는 화를 정말 억누를 수 없다는 생각이 드는 찰라……

차를 준비해 왔던 젊은이가 화가 난 듯 버럭 소리를 질렀다. 그것도 자신의 스승으로 보이는 노불 거사에게 말이다.

"거사님!"

노불은 느릿하게 젊은이 쪽으로 고개를 돌리고는 말했다.

"무슨 일인가?"

"거사님 말씀에 맥락이 없잖아요. 9년 됐다는 사람에게도 차나 한 잔 하라 하고, 한 달 됐다는 사람에게도 차나 한 잔 하라 하니 듣는 사람 입장에서 기분이 좋겠어요? 황당하잖아요. 성의 있게 말씀을 하셔야 하는 것 아닌가요?"

내가 할 소리였다. 젊은이는 급기야 노불에게 "이젠

그렇게 아무 의미 없는 얘기 좀 던지지 마세요"라며 직격탄까지 퍼부었다. 속이 다 후련했다.

그러나 곧바로 속이 답답해지고 말았다. 젊은이의 분노에 대한 노불의 대꾸 때문이었다. 노불은 흔들림 없이, 여전히 졸린 듯 온화한 표정으로 젊은이에게 말했다.

"그래, 그럼 자네도 차나 한 잔 하게!"

ː 눈꺼풀

차를 가져온 젊은이도 대단했다. 방금 전 핏대를 올리더니 그새 차분해졌다. 화는 화대로 그냥 흘러가게 놔두고 일상을 진행시키는 모종의 능력을 가진 사람 같았다. 젊은이는 숙련된 솜씨로 차를 우려내 노불과 나, 그리고 꼬마 앞에 한 잔씩 놓았다. 은은한 향이 방을 가득 채웠다.

그런데 이상하게도 꼬마는 차에 입을 대지 않았다.

그 광경을 보던 노불이 무언가 잊고 있었던 것을 떠올린 듯 입을 열었다.

"행자, 혹시 차의 유래에 대해 들어본 적이 있나?"

"아뇨. 중국 운남성이 차로 유명하다는 것밖에 모르겠는데요."

당연한 얘기지만 나는 노불의 질문에 성의 있게 대답할 필요를 못 느꼈다. 그저 아는 게 있으면 몇 마디 뇌까릴 뿐이었다. 사실 생각 같아서는 노불의 질문에 관계없이 "그럼, 차나 한 잔 하시지요"라고 한방 먹이고 싶은 생각도 있었다. 어쨌든 노불은 그런 나의 태도에 아랑곳 않고 자신의 말을 성실하게 이어 갔다.

"그냥 호사가들의 허풍일 수도 있지만 선가에서는 차가 달마 대사로부터 기원했다고 보고 있지요."

"달마가 인도에서 차를 갖고 왔다는 건가요?"

"아니, 그 정도가 아니라 달마가 없었다면 차나무 자체가 존재하지 않았다는 얘기지요."

"무슨 차이가……."

노불의 설명은 계속된 "차나 한 잔!"의 권유만큼 황

당했으나, 지루하진 않았다. 노불에 따르면, 우리가 마시는 차의 잎은 다름 아닌 달마의 눈꺼풀이라는 것이다.

노불이 전해준 사연은 대강 이렇다.

달마는 알려진 대로 1,500년 전쯤 중국에 들어와, 소림사 인근 동굴에서 9년간 면벽 수행을 했는데, 졸음 쫓는 일이 큰 문제였다. 물론 이미 상당한 경지에 이른 고승이었으니 일반인들과는 달랐지만 졸린 건 졸린 거였다.

유독 졸음이 심하게 오던 어느 날이다. 그날따라 눈을 덮은 눈꺼풀의 무게가 천근만근으로 느껴졌고, 달마는 아예 눈꺼풀을 떼어내 동굴 앞뜰에 던져버린다. 그런데 신비한 일이 벌어진다. 눈꺼풀이 떨어진 곳에서 나무가 솟아오르기 시작한 것이다. 더욱이 다 자란 나뭇잎의 향기는 강하진 않았지만 사람의 정신을 번쩍 들게 하는 묘한 위력을 갖고 있었다.

이후의 이야기는 예상할 수 있는 만큼이다. 사람들이 그 나무의 잎을 따 물에 달여 마시기 시작했는데,

이 차만 마시면 졸리다가도 잠이 깨고, 기절한 사람도 정신을 차릴 정도였다.

차가 이 세상에 존재하게 된 사연인 것이다.

: 당황

그런데 꼬마의 태도가 이상했다. 노불의 설명이 이어지는 동안, 뭔가 어색한 듯 시선을 벽 쪽으로 돌리거나 고개를 숙이곤 했던 것이다. 처음 차를 대접받았을 때도, 찻잔을 들 생각은 하지 않고 물끄러미 바닥만 쳐다보고 있었는데 그것도 이상했다.

"야, 스님. 왜 그래?"

꼬마는 계속 고개를 들지 않는다.

"왜 사람 얼굴을 못 봐? 나한테 뭐 잘못한 거 있구나?"

나는 속으로 '좋은 가르침 듣게 해준다 하고는 이상한 노인한테 데려 왔으니 찔리는 구석이 있는 것이겠

거니' 하면서 꼬마의 옆구리를 툭 찔렀다. 꼬마는 여전히 내 쪽으로 쳐다보지 않는다.

그러고 보니 노인의 표정도 이상했다. 괜한 얘기를 했다는 듯, 꼬마의 눈치를 살피는 것 아닌가?

"어르신! 어르신은 또 왜 그러세요? 뭐, 불편하세요?"

"아, 아니. 그보다 자네, 아침은 먹었나?"

"네? 아, 아침이요. 네, 꼬마 스님과 간단하게……."

"아, 그럼 바리때나 씻고……. 아, 아니지."

"네? 바리때요? 갑자기 발우는 무슨 말씀……."

이해할 수 없는 상황이었다. 갑자기 아침 식사 얘기는 무엇이고, 또 절밥을 얻어먹은 것도 아닌데 바리때를 씻으라는 건 또 무언가?

"아니, 그게 아니라……. 그보다 행자는 이제 어디로 갈 생각인가?"

나는 꼬마 쪽으로 고개를 돌렸다. 어차피 다시 시작한 동행이니, 꼬마의 뜻도 무시할 수는 없다고 생각했기 때문이다. 그런데 그렇게 꼬마와 눈길이 마주치는 순간, 나는 뭔가 정확히 알 수는 없지만 어색함을 느꼈다. 그것은 바로, 꼬마의 눈매 때문이었다.

'어라? 꼬마도 눈꺼풀이 거의 없네.'

그러고 보니, 산사의 부엌에서 꼬마를 처음 마주쳤을 때, 그 인상이 예사롭지 않았던 기억을 되살릴 수 있었다. 무언가 퀭하면서 유난히 깊어 보이는 눈빛⋯⋯. 특유의 인상은 바로 지나치게 얇은 눈꺼풀 때문이었던 것이다.

내 눈빛을 의식한 듯, 꼬마는 슬그머니 시선을 피하면서 말했다.

"뭐, 이왕 나왔으니 경치라도 좀 살피고 돌아가야지. 한 열흘 있으면 목불도 볼 수 있을 테니, 그쯤 해서 돌아가든지⋯⋯."

"그래, 목불⋯⋯."

아마도 화제가 바뀐 탓이 아니었을까? 노불이 긴장했던 표정을 풀며 끼어들었다.

"그래, 영험한 부처님이 한 분 있다면서⋯⋯. 곧 볼 수 있겠네."

❧

꼬마의 눈꺼풀이 특이할 정도로 얇은 건 사실이다. 게다가 달마의 눈꺼풀이 차나무의 씨앗이 된 사연을 방금 얘기했으니, 그 묘한 인연이 흥미로운 것 역시 사실이다. 하지만 노불과 꼬마는 왜 그 정도로 당황해야 했을까? 보통 꼬마와는 다른 게 사실이고 어느 정도 신비로운 부분이 있는 꼬마인 건 맞지만, 그래도 1,500년 전 달마의 환생을 어찌 쉽게 상상할 수 있었겠는가?

뜰 앞의 잣나무

나는 두 사람의 은밀한 소동을, 순진한 사람들의 과민반응과 호들갑 정도로 이해하기로 했다. 그보다 산사의 목불이 유명하긴 한가 보다 하는 생각이 들었다. 노불도 그 목불의 존재를 알고 한 번은 봐야겠다는 말을 하지 않는가? 벼랑 앞에서 만난 황룡 선사도 목불 얘기를 꺼냈으니 말이다. 제대로 된 목불의 모습을 나도 조만간 꼭 봐야겠다는 생각이 들었다.

그건 그렇고, 나는 순진한 두 사람, 그러니까 한 명의 노인과 한 명의 꼬마가 밉지 않게 느껴졌다. 꼬마의 손에 이끌려 따라온 산기슭의 조그마한 집에서 맞닥뜨린 횡설수설과 호들갑과 정신없음을 너그러운 마음으로 이해하기로 한 것이다.

그때, 노불이 나섰다. 자신이 달마의 눈꺼풀 얘기를 꺼냄으로써 야기된 분위기를 어떻게든 풀어보려는 안간힘 같아 보였다. 꼬마를 쫓아 자신의 처소를 찾은 나에게 무어라도 해주고 싶은 그런 마음이었던 것 같다.

"행자!"

"네. 어르신."

언제부터인가 노불 거사에 대한 나의 호칭은 '어르신'으로 바뀌어 있었다. 그의 경지는 알 수 없었으나(사실 대단한 경지는 아니지 않았을까), 동네 할아버지 같은 친숙함이 나의 마음을 편하게 해주었기 때문이다.

"이왕 이렇게 찾아왔으니 한 소식 얻어 가야 하지 않겠나?"

"아, 예. 그럼, 한 말씀 여쭙지요."

기대는 전혀 하지 않았다. 그냥 편하게, 그러나 큰 기대를 품지 않았으니 더더욱 부담 없이, 단도직입적으로 물었다.

"조사는 도대체 왜 서쪽에서 오신 겁니까?"[16]

노불의 대답은 거침없었다.

"저 뜰 앞에 있는 잣나무를 보았는가?"

나는 대꾸하지 않았다.

아, 이 무의미……, 말장난…….

[16]　조사서래의(祖師西來意). 달마가 서쪽에서 오신 뜻은 무엇입니까? 정전백수자(庭前柏樹子). 뜰 앞의 잣나무니라! 역시 조주의 공안이다. 사람들은 조주를 고불(古佛)이라 부르며 추앙했다. 본문에 등장하는 노불(老佛)은 고불의 아바타(avatar)로 보면 되겠다.

9

폭우와 갈림길

마음이 미혹하니 법화경에 굴리우고
마음이 깨달으니 법화경을 굴리누나.

-육조 혜능

말의 홍수라고 해야 할까? 노불의 처소를 나오면서 나는 정신이 아득했다. 꼬마를 만난 이후 그야말로 많은 '말'들을 함께 만났으나 그게 과연, 삶의 비의(秘意)를 깨우치기 위해 도움이 되는 것인지 알 수 없었다. 일종의 회의(懷疑) 같은 것이다.

: 회의

절에 들어오기 전에도, 나는 사람들이 흔히 선문답 (禪問答)이라 칭하는 간화선(看話禪)에 대해 제법 관심을 갖고 있었다. 고승들이 던져 놓은 화두(話頭)를 붙잡은 채 고집스러운 선정에 들어가, 그 화두를 깨뜨리는 동시에 깨달음의 경지에 곧바로 진입한다는 간화선의 방법은 분명 매력적이었다.

그리고 대단히 기이한 일이라 생각하고 있지만, 꼬마를 만난 이후 내 곁에서는 선문답이나 화두를 연상시키는 상황이 잇따라 벌어지곤 했다. 말하자면 내가 다른 차원의 세계로 진입했거나, 아니면 어떤 경전 속에 빠져든 것 같은 그런 느낌이었다.

그러나 그런 사태의 와중에도, 나는 크게 즐겁지는 않았다. 비(非) 일상적이고, 반(反) 논리적인 상황들이 잠깐이나마 새로운 발상을 할 수 있는 기회를 준 게 사실이지만, 그냥 그 정도였다. 다소 과장을 섞어 비유적으로 말해보면, 백척간두에는 섰지만 진일보는 불가능한 그런 수준이었다고 할 수 있겠다.

어쨌든 절에 들어온 후, 그리고 우연찮게 꼬마를 만난 후, 선에 대해 내가 가지게 된 느낌은 회의에 가깝다고 고백할 수밖에 없겠다. 즉각적으로 응대하는, 재빠르게 치고 빠지는, 기상천외한 방식으로 우회하는 그리고 논리를 무시하고 갑자기 비약하는 말의 테크닉에 대해서라면 적잖이 감화를 받은 게 사실이나, 그 이상은 아닌 듯했다.

호수

나아가 공안(公案)이라고 일컫는 그 모든 대화와 에피소드들이 도대체 생(生)과 사(死)의 문제와 어떤 관계가 있단 말인가 하고 생각하는 순간 꼬마가 장난스럽게 허리를 툭 친다.

"아, 뭐야? 진지하게 생각 좀 하려는데……."

"행자님, 진지는 나중에 드시고요. 배나 타러 가지."

"산속에서 무슨 배를 타?"

"이쪽 지리를 모르는군. 조금만 더 올라가면 큰 호수가 있거든. 그 호수를 건너면 산 아래 쪽으로 내려가는 길이 바로 이어지는데……."

그렇게 산을 내려가면 바다가 있다고 꼬마는 말했다. 호수를 가로지르는 것은 산을 빠져나가 바다로 향하는 지름길이었다. 그런데 그게 그렇게 연결되나? 신기했다. 높은 봉우리에 가려 바다라고는 전혀 보이지 않는데, 바다가 있다니……. 주저할 이유가 없었다.

"바다 좋지. 이왕 집 나온 김에 바닷바람이나 제대로 한번 쐬어보자고."

나와 꼬마는 호수를 향해 걸었다. 대단히 오랜 기간이라 할 순 없지만, 도시의 볼거리에서 단절된 생활은 무미건조할 수밖에 없었다. 어떤 이들은 연약한 나뭇잎의 움직임에서 생명을 느끼고 우주를 느낀다 하지만 나는 아직 그러하지 못했다. 광활한 바다 위로 출렁이는 파도, 그 위로 반짝이는 햇빛의 파편이라도 본다면 도시로부터의 격리를 조금이라도 위로받을 수 있을 것 같았다.

그렇게 오랜만에 설레는 마음을 간직한 채 호수에 다다랐을 때, 하늘이 우중충해졌다. 먹구름이 산을 타고 꾸역꾸역 올라오고 있는 것이다. 그래도 비가 내릴 때까지 30~40분쯤은 여유가 있지 않을까 생각하며 나와 꼬마는 허름한 나룻배가 묶인 곳으로 다가갔다.

᛭ 두 스님

나그네는 우리뿐만 아니었다.

배는 오랫동안 사용되지 않은 듯 묵직한 기둥에 밧줄로 단단히 매여져 있었는데, 초라한 행색의 스님 한 분이 주섬주섬, 그 밧줄을 풀어내고 있었다. 초라한 옷소매 사이로 보이는 스님의 팔 근육이 간단치 않아 보였는데도, 밧줄은 한동안 꿈쩍하지 않았다. 아마도 누군가 필요 이상으로 동여매어 놓은 듯했다.

각양각색의 천 조각을 몇 겹으로 기워낸 스님의 옷

은, 누추했지만 정갈했다. 스님의 눈빛도 맑고 깊었다. 스님은 자신을 '떠돌이 선승'이라고만 소개했다. 자신을 드러내는 데 별다른 흥미를 갖지 않는, 초연한 사람으로 보였다.

곧이어 또 다른 나그네가 합류했는데, 이번에도 스님이었다. 그런데 얼굴을 보는 순간 나는 "엇!" 하고 조용히 탄성을 질렀다. 스님의 얼굴은 TV에서 몇 번이고 본 적이 있기 때문이다. 하마터면 달려가서 풍채 좋은, 스타 스님의 손을 덥석 잡을 뻔도 했다.

'아, 내가 저 분을 아는 거지. 저 분은 나를 알 리가 없지.'

제정신을 찾은 나는 웃으며 그냥 가볍게 합장을 할 뿐이었다. 위풍당당한 스님도 합장을 했지만, 왠지 마지못해 하는 그런 느낌이었다.

위풍당당 스님은 TV에서 무불통지와 박학다식을 뽐냈다. TV에 비친 그는 팔만대장경을 통째로 머릿속에 입력하고 다니는 듯했다. 종(從)으로는 원시불교부터 소승 · 대승을 거쳐 서구의 불교 수용까지, 횡(橫)으로는 유식(有識)에서 화엄(華嚴)을 거쳐 선(禪)까지 그의 해설은 어디에도 막힘없이, 그야말로 술술 풀려나왔다.

'그래서 그렇게 기껏해야 행자인 나에 대한 합장이 미적지근했을까? 그렇게 대단한 분이 이리 궁벽한 곳까지 무슨 일로 왔을까?'

하여간 '떠돌이 선승'이 밧줄을 풀고, 나와 꼬마가 선승의 작업을 거드는 사이, '위풍당당 스님'은 손 하나 까딱 않고 멀찌감치 앉아 있을 뿐이었다. 오죽하면 꼬마가 헛기침을 하며 위풍당당 스님 쪽을 몇 번이고 곁눈질했을까. 그러나 위풍당당 스님은 거대한 석조 불상처럼 끄떡도 하지 않았다.

⠒ 폭우

네 사람은 어쨌든, 잠깐 동안이지만 한 배를 탈 운명이었다. 그리고 운명대로 차례차례 배에 올랐다. 물론, 배에 가장 먼저 올라 좋은 자리를 차지한 이는 바로 위풍당당 스님이었다. 좋은 자리는 차지했으나 서둘러 배에 오르는 바람에 기우뚱하며 넘어질 뻔한 이도 위풍당당 스님이었다.

노를 저으려 한 것은 당연히 떠돌이 선승이었지만, 나는 선승을 극구 만류해 노를 빼앗아 올 수 있었다. 그리고 배를 저어 가는데…….

배가 호수의 반대편에 거의 도달했을 무렵, 약간 흐릿했던 하늘이 깜깜해지는가 싶더니 갑작스러운 벼락과 함께 비까지 퍼붓기 시작했다. 폭우도 이런 폭우가 없었다. 지구 온난화 때문일까? 장마 지나고 한여름도 다 지난 마당에 폭우라니……. 흔히 말하듯 게릴라성 폭우로 볼 수 있었지만, 그냥 게릴라가 아니라 엄청난 괴력의 게릴라가 몰고 온 폭우였다.

그리고 이런 걸 두고 설상가상이라 하는 것이겠지만…….

배 한쪽 구석에서는 물이 새고 있었다. 배 중간 부분, 나무 하나가 썩으면서 구멍이 뚫려 있었던 것이다. 물은 배가 출발했을 때부터 샜을 테지만, 위험스럽다

고 느낄 정도는 아니었다. 어쨌거나 배를 기둥에 필요 이상으로 단단히 묶어둔 것은, 이 배를 타지 말라는 신호로 보아야 했다.

배의 상황은 생각보다 심각했다. 일단 새기 시작한 물은, 빗물과 합세하면서 배 안을 금세 물바다로 만들어버렸다. 게다가 배가 갑자기 균형을 잃으며 크게 흔들렸는데, 그것은 놀란 위풍당당 스님이 자리를 옮길 요량으로 급하게 일어나다 넘어졌기 때문이다.

배는 곧 균형을 찾았지만, 배 안은 아수라장이 되었다. 탄 사람이라 해봐야 네 명뿐이었지만, 그 중 두 명이 당혹감에 "어, 어" 하며 놀란 짐승 같은 소리를 질러댔기 때문이다. 나는 손에서 노를 놓은 지 오래였고, 위풍당당 스님은 아예 울부짖는 수준으로 도대체 누구인지 알 수 없는 대상에게 "살려 달라"고 외치고 있었다.

실제로 주위는 깜깜했고, 배는 위험스럽게 가라앉고 있었다. 어떻게 그렇게 삽시간에 위기가 닥쳐올 수 있는지 도무지 이해하기 어려울 정도였다.

그러나 더욱 이해하기 어려운 것은 떠돌이 선승과

꼬마의 태도였다. 그들은 미동도 없이 배 안에 정좌하고 있었다. 호들갑을 떠는 나와 위풍당당 스님을 측은한 듯 쳐다볼 뿐, 자신들의 생사는 안중에 없는 듯 침착한 모습이었던 것이다.

: 말 끊긴 곳

그러나 퍼붓는 소나기도, 거센 회오리바람도 반나절을 넘기기 힘들다 하지 않던가?[17] 천만 다행으로 배가 가라앉기 전에 비는 그치고 날은 갰다. 불길했던 한낮의 어둠도 씻은 듯 사라졌다. 우리 네 사람은 물 찬 배를 어떻게든 저어 호숫가에 붙였다. 위풍당당 스님은 이번에도 어김없이 첫 번째로 황급히 뭍으로 올라갔고, 떠돌이 선승은 나와 꼬마를 실망시키지 않고, 마지

[1 7]　회오리바람은 아침 내내 불지 못하고, 소나기도 하루 종일 내리지는 못한다(飄風不終朝 驟雨不終日). 노자의 도덕경(道德經)에 등장하는 말이다.

막으로 땅을 밟았다.

순간의 일이었지만 나는 생사의 경계를 경험한 듯했다. 그리고 황망했던, 바로 그 경계의 순간에 내 눈에 들어온 건 다름 아닌 떠돌이 선승의 침착함이었다. 무념무상(無念無想)의 경지가 그런 게 아닐까 싶었다. 선승은 죽음 앞에서 초연했다. 비가 잦아들고, 시야가 확보되었을 때도 그의 표정에 변화는 없었다. 아마도 그는 생사를 애당초 뛰어넘어 있는 듯했다.

다시 흙을 밟은 채 아무 일도 없었다는 듯 자신의 누더기 승복의 물을 털어내고 있는 선승을 보며 나는 선의 위력에 대해 다시 생각하지 않을 수 없었다.

팔만대장경을 머릿속에 집어넣고 다니는 이름난 학승이, 갑작스럽게 닥친 생사의 갈림길에서 볼썽사나운 집착을 내보였던 것과는 너무도 판이한 태도였다. 죽음 앞에서 경전은 아무 소용이 없었다. 중요한 것은 문자와 언어가 아니었다.

나는 떠돌이 선승을 보며 언어도단처(言語道斷處), 그렇게 말 끊긴 곳에 대해 다시 생각해볼 수밖에 없었다.

불립문자와 언어도단을 지향하는 선문답의 가치에 대해서도 재고하는 게 마땅했다.

아! 불립문자…….

나는 선가(禪家)의 근본 종지로 통하는 네 구절을 떠올렸다. 흔히 달마 대사의 가르침을 요약했다고들 얘기하는 짧은 구절 말이다.

경전을 떠나 따로이 전하니(教外別傳)
문자에 의존하지 아니하고(不立文字)
곧장 사람의 마음을 가리켜(直指人心)
자성을 보고 깨달을지니라(見性成佛)

학창 시절 한번쯤은 외는, 그래서 많은 사람들에게 상투적인 구절이 그 순간에 퍼뜩, 떠오르는 게 신기했다. 그러나 채 정리되지 않은 아수라장과 고풍스러운 한시는 어울리지 않았다.

나는 두 스님에게로 시선을 돌렸다. 위풍당당 스님은 배 위에서 맨 얼굴로 드러냈던 자신의 심약함이 창피했던지 짐을 챙겨 황급히 길을 재촉하고 있었다. 누더기 옷의 매무새를 챙긴 떠돌이 선승은 호숫가에 불안스럽게 떠 있는 배의 밧줄을 당겨, 땅 위로 끌어 올리고 있었다. 누군가 우리와 같은 사고를 당하지 않게 배를 물에 두지 않으려는 것 같았다.

: 두 갈래 길

나와 꼬마는 떠돌이 선승을 도와 배를 땅으로 끌어 올린 후, 거의 탈진할 것 같은 상태로 커다란 나무 뒤에 등을 기대고 앉았다. 나는 꼬마에게 물었다.

"그런데 꼬마 스님, 두 사람이 어떻게 저렇게 다를 수 있지?"

"다르다기보다 방송에 잘 나온다는 그 스님은 가짜인 거지, 뭐."

"가짜?"

"팔만대장경을 마음에 제대로 새긴 스님이라면 저럴

리가 없지. 그렇긴 해도 선을 수행한 스님과 경전만 공부한 스님이 같진 않지. 구분하는 게 무의미하기도 하지만……."

꼬마의 설명은 말하자면, 마음 수행을 위주로 하는 선(禪)과 경전 공부를 주로 하는 교(敎)의 차이점이 아닐까 하는 생각이 얼핏 들었다. 나는 좀 더 자세한 해설을 듣고 싶었다.

"야, 꼬마. 제대로 설명해봐. 얼버무리지 말고."

"아, 네. 그렇게 하겠습니다, 행자."

폭우와 생사의 고비를 넘기며 건조한 얼굴이었던 꼬마가 오랜만에 환하게 웃으며 설명을 이어갔다.

"부처님은 모두 세 번, 자신의 마음을 제자에게 전했대.[18] 그 중 첫 번째가……."

첫 번째가 염화시중(拈華示衆), 그러니까 꽃을 들어 대중에게 내보였을 때다. 붓다가 아무 말 없이 꽃을 내보이자, 가섭이란 제자가 빙그레 웃더라는 것이다. 또 다

[18]   다른 세 장소에서 마음을 전했다고 해서 삼처전심(三處傳心)이다.

른 어느 날 설법의 현장에 누더기 차림의 가섭이 뒤늦게 들어온다. 제자들은 그를 냉소적으로 바라보는 사이, 붓다는 말없이 자기가 앉아 있던 자리의 절반을 내준다. 그리고 마지막……. 부처가 열반한 뒤 가섭은 스승을 누인 관 주위를 세 번 돌고, 그 관에 세 번 절한다. 그때 부처가 관 밖으로 두 발을 내민다. 부처는 그렇게 가섭을 통해 이후로 오랫동안 이어질 선(禪)의 불꽃을 틔운 것이다.

부처는 물론, 깨닫고 나서 열반할 때까지 49년간 끊임없이 설법을 했고, 그 내용이 경전으로 남았다. 그 가르침을 공부하는 것이 바로 교(教)가 된다.

선과 교는 결국 부처님 한 분으로부터 기원한, 두 갈래의 길이라는 얘기였다. 나는 꼬마의 박학다식함에 다시 한 번 놀랐다. 하지만 막 죽을 뻔하다 가까스로 살아난 상태에서 그런 고담준론(高談峻論)을 계속 듣고 있는 게 쉬운 일은 아니었다. 그런 사정을 아는지 모르는지 꼬마는 자기의 강연에 자신이 취한 듯, 이야기를 그치지 않았다.

"결론적으로……."

꼬마의 목에 힘까지 들어갔다. 무엇인가 중요한 것을 말하려는 듯했다.

"말 없이 말이 끊어진 자리에 이르는 것이 선이요, 말로써 말이 끊어진 자리에 이르는 것이 교로서……."

나는 꼬마의 말을 듣는 둥 마는 둥 하면서, 그날의 영웅인 떠돌이 선승을 찾기 위해 주위를 두리번거리는 중이었다.

그러나 그 옛날 부처에게 은은한 미소를 보냈던 가섭의 후예가 분명할, 그 떠돌이 선승은 자리에 없었다. 절벽 끝에서 만났던 황룡이 백척간두에서 기척 없이 진일보한 것처럼, 떠돌이 선승도 흔적 없이 사라지고 만 것이다.

10

달과 바다

아무리 좋은 일이라도 없는 것만은 못하지!
-운문 문언

산에서 얼마간이라도 지내본 사람들은 알지만, 산속의
밤은 언제나 기습적으로 찾아온다. 도심의 대규모 정전
처럼, 산을 덮치는 어둠은 일체의 세계를, 일거에 사라
지게 한다.
서둘러야 했다. 나와 꼬마는 물에 흠뻑 젖은 옷을 짜는 둥
마는 둥 하고는, 하산을 시작했다. 둘 다 긴장한 탓인지 별
다른 대화도 나누지 않고, 황망하게 걷기만 했다.

: 망월

두 시간 정도 지났을까? 계곡을 벗어나면서 산길의 경사가 급격히 줄었다. 거의 내려온 듯했다. 그때서야 긴장이 풀려 꼬마에게 말을 걸 수 있었다.

"스님, 그런데 우리 어디로 가는 거야?"

꼬마는 걸음을 멈추지 않고 말했다.

"망월!"

"망월? 망월이 뭐지?"

"달을 바라본다, 망월."

"아, 그 망월! 그런데 우리가 왜 달을 보러 가지? 어디 묵을 데를 찾아야지."

꼬마는 노골적으로 답답하다는 표정을 지으며 대꾸했다.

"행자! 망월사란 절에 가는 거야. 거기서 하룻밤 묵을 거야."

망월이 망월사일지 내가 무슨 수로 안단 말인가. 처음 넘어 와보는 산자락에 망월사(望月寺)란 절이 있을지 내가 어떻게……. 화가 났지만, 언제부터인가 나는 꼬마에게 화를 낼 엄두가 나지 않았다. 그 옛날 찻잎으로 변했다는 달마 대사의 눈꺼풀 얘기를 들은 이후일까?

솔직히 화를 낼 여유도 없었다. 어둠이 이미 산 전체를 감싸기 시작했기 때문이다. 약간의 빛이 남아 있긴 했지만 서둘러야 했다.

"이상하다. 내 계산으론 이쯤 해서 언덕으로 빠지는 길이 나타나야 하는데……."

꼬마의 말을 들으며 나는 주위를 두리번거렸다.

"언덕이라……. 언덕을 찾아야 하는 거야?"

"응, 언덕. 바다가 바라보이는 언덕으로 빠지는 길이 있을 거야."

"바다?"

"응, 이 산 아래로 바다가 이어져. 어두워서 잘 안 보이겠지만……. 망월사 언덕에 올라가면 눈앞에 펼쳐지는 바다 풍경이 장관이지."

언덕을 찾는 데는 그러나 꼬박 30분 이상이 소요되었다. 꼬마도 좀 지친 모양이었다. 언덕으로 통하는 길을 찾는 동안은 아무 말도 하지 않았으니까.

그러다 꼬마가 "이 길이야!"라고 외쳤을 때, 나는 놀라지 않을 수 없었다. 그 길은 내려가던 길에서 왼쪽으로 잠시 삐죽 나온 좁은 길이었는데 그 길을 통과하자마자 호젓하고도 널찍한 언덕으로 통하는 길이 이어졌다. 마치 누군가 비밀 통로를 만들어 놓은 듯했다.

숙소를 발견했다는 생각에 다시 긴장이 확 풀렸다. '비밀 통로'에서 500미터 정도 떨어진 것으로 보이는, 아담한 절 쪽으로 발길을 옮기며 꼬마에게 물었다.

"그런데, 왜 절 이름이 망월이야? 달이 그렇게 잘 보여?"

꼬마는 참으로 가엾다는 듯 나를 힐끗 쳐다보았다. 그리고는 고개를 숙인 그대로, 오른손만 들어 하늘을 가리켰다.

까만 하늘에는 언제부터인지 맑고 진한 무광(無光)의 보름달이 떠 있었다.

·보름달

"풉……, 말을 해주면 되지. 사람을 비웃고 그래?"

나는 웃으며 꼬마의 어깨를 감쌌다. 꼬마는 어색하다는 듯, 내 팔을 떨쳐내더니 망월사를 향해 의연하게 걸어갔다. 나도 따라갔다.

밤이 늦어서인지 아무런 인기척이 없었다. 꼬마와 나는 조용히 별채의 건물에 걸터앉았다. 그렇게 한 시간은 앉아 있었으리라. 천국이 따로 없었다.

두 시간 남짓 산에서 내려오면서, 나나 꼬마나 생각보다 많이 긴장했던 것 같았다. 호랑이는 없겠지만, 멧돼지라도 튀어나올 수 있는 것 아닌가? 꼬마도 긴장이 풀렸는지, 신발을 벗고 문간에 등을 기댔다.

"이 방에서 자면 돼."

"여기 스님한테 허락 안 받아도 돼?"

"아무도 없을 걸……."

기묘한 대답이었지만, 구태여 이유를 묻지는 않았다. 그저 꼬마가 그렇게 얘기할 만한 이유가 있으리라고 막연히 생각하고 말았다.

그보다, 아주 멀리 그러나 선명하게 박혀 있는 보름 달을 보며 나는, 망월이란 절의 이름이 다시 궁금해졌 다. 달에 무슨 의미가 있길래, 절 이름을 그렇게 지었 을까? 나는 주저하지 않고 꼬마에게 물었다.

"스님, 달을 왜 바라보라는 거야?"

"왜 바라보냐고?"

"응."

"그야, 달이야말로 부처님의 진리니까."

"무슨 얘기지?"

"월인천강이란 말 알아?"

월인천강(月印千江)……. 따로 떼어내서 들어본 적은 없지만, 세종대왕이 신하들 시켜 만들었다는 '월인천 강지곡'은 들어봤다. 그 유명한 '용비어천가'와 함께 말 이다. 그 정도면 알았다고 해도 된다고 나는 생각했다.

"당연히 알지, 월인천강."

"대단하시네요. 무슨 뜻인데?"

"음……. 달이 천 개의 강에……."

"부처님의 진리는 하나인데 그 하나의 진리가 수많은 중생을 교화시키는 것처럼, 하나인 달도 수만 개의 강에 차별 없이 그 빛을 비춰준다 그런 얘기겠지."

"음, 좋은 얘기네."

"그러니까 달을 보는 건 부처님의 진리를 마음에 새기는 거나 같은 거야."

: 하나뿐인 진리

그렇다면 달로 상징되는 부처님의 하나뿐인 진리, 그것을 알면 수행자들의 일은 끝나는 것 아닌가? 퍼뜩 그런 색각이 들었다. 그 진리가 무엇인지만 알면, 그렇게 알게 된 진리를 마음에 새기며 살기만 하면, 누구나 부처가 되는 것 아니겠는가 하는, 단순하지만 뻔한 생각이 머리를 스쳤다.

'지금까지 왜 그런 생각을 못했을까?'

나는 회심의 미소를 지으며 꼬마에게 물었다. 최대

한 아무렇지도 않은 듯, 아주 가볍게, 기습적으로…….
근처에 화장실이 어디냐고 길 가는 사람에게 물을 때
처럼…….

"부처님의 하나뿐인 진리가 뭔데? 그러니까, 달이
뭔지 얘기 좀 해줘봐."

꼬마는 문간에 등을 기댄 채, 다시 한심하다는 듯 나
를 올려다보았다.

"내가 아까 산 위에서 뭐라 그랬어? 말 없이 말 끊긴
곳에 이르는 게 선이고……."

"말로써 말 끊긴 곳에 이르면 그게 교라고 했지."

"잘 아시네요. 그러면서 왜 자꾸 말 끊긴 곳을 알려
달라고 해?"

나는 다시 한 번 회심의 미소를 지었다.

"아니, 말로써 말 끊긴 곳에 이르는 게 교라면서? 그
러니까 내가 말 가지고 말 끊긴 곳에 도달할 수 있도록
어서……."

"행자! 말장난하지 말고……. 하여튼 알았어."

"알았다고?"

"그래. 특별히 행자를 위해서, 오늘 한 번만 말 끊긴 곳이 어디인지 말로써 알려주지."

깜짝 놀란 건 내 쪽이었다. 꼬마는 대체 무슨 말을 하려는 걸까? 꼬마를 채근했던 것은, 사실 꼬마의 말대로, 어느 정도는 장난이었다. 보름달과 같은 최고의 진리를 무슨 물건 건네받듯 한마디 말로 전달받을 생각 같은 것은 하지 않았다. 그런데, 꼬마는 아주 가벼운 말투로 "진리를 알려주겠노라!" 얘기한 것이다.

그러나 그게 어떤 얘기든 내가 손해 볼 일은 아니어서, 나는 잠자코, 최대한 순진한 표정을 지은 채 꼬마의 다음 말을 기다렸다. 꼬마는 역시, 내가 아는 꼬마답게 지체 없이 입을 열었으나, 목소리를 높이지는 않았다.

수도 중인 성직자처럼 꼬마는 조용한 목소리로 읊조렸다.

이것이 있으니 저것이 있고
이것이 태어남으로 저것이 태어난다.

이것이 없으니 저것이 없고

이것이 사라짐으로 저것이 사라진다.

그리고 곧바로 덧붙였다.

"이게 바로 달의 실체야. 만족해?"

꼬마가 읊조린 것은 바로 연기(緣起)의 법이었다.

: 연기

청년 싯다르타는 6년의 구도 여행 끝에 보리수 아래에서 깨달았다. 그리고 그 깨달음의 내용이 바로 연기였다.

고통도 슬픔도 우연히 일어나지 않는다. 그렇다고 그것이 신의 뜻에 의한 것이거나, 숙명에 의한 것도 아니다. 너무도 단순한 얘기지만 고통과 슬픔에는 반드시 그럴 만한 원인과 조건이 있다는 것이다. 거기에 어떠한 신비도 끼어들 여지는 없다. 이것이 있으니 저것이 있고, 이것이 없으면 저것이 없는 것이다. 태어나서 늙고 병들고 죽는 세상의 모든 일이 연기, 그 인과(因果)의 사슬을 벗어나지 못한다는 깨달음일 뿐이었다.

싯다르타는 그렇게 단 하나의 깨달음으로, 바로 연기의 도리를 깨달음으로써 그간의 모든 의혹을 씻은 듯 없앨 수 있었다. 그것만이 세계와 인간에 대한 불변의 진리임을 확신했던 것이다.

그리고 그게 저 까만 하늘에 홀로 숭고한 달의 실체라고 꼬마는 말했다. 너무도 단순하고, 너무나 자명한 이야기이므로 그곳에 다른 고민이 끼어들 이유는 없다. 그러나 내가 연기에 대해 몰랐던 것은 아니다. 절에 들어오기 전 읽은 불교 개론서를 통해서도 그 정도는 물론 알았다.

그러나 문제는 그게 나의 고통과 슬픔을 없애주지 못했다는 것이다. 최고의 진리가 연기임을 확인하고 그 뜻이 무엇인지 확연하게 알아도 고통과 슬픔이 없어질 것이란 생각은 전혀 들지 않는다는 것이었다.

나는 약간은 비통한 표정으로 꼬마 쪽을 돌아다보았

고, 꼬마는 어느 정도 부처와 같은 표정으로 나를 보며 말했다.

"알려달라는 거 다 알려준 거야. 하지만 진리를, 그러니까 달의 실체를 말로써 이해했다고 해서 달라지는 게 있는 건 아니야. 머리로 하는 이해는 그냥 이해일 뿐이지. 그런 머릿속 이해로 어떻게 생사의 문제를 넘어서겠어?"

"그럼 어떻게 해야 하는데?"

: 손가락도 달도

"연기의 실체를 아는 대신 체험해야겠지. 그런데 그러기 위해선 먼저 다 잊어야 돼. 그냥 모두 잊어버리면 돼. 나 자신도, 세계도 모두⋯⋯."

"나와 세계를 다 잊⋯어⋯?"

꼬마는 서서히 오른손을 들더니, 오랫동안 미동도 하지 않은 채 자리를 지키고 있는 보름달을 검지로 가리켰다. 나는 예쁘장하게 생긴 꼬마의 검지를 좇아 시선을 보내다가 문득, "달을 가리키는데 달은 왜 안 보고 손가락을 쳐다보나?"라는 흔하고 상투적인 선문답이 생각나 눈을 질끈 감았다. 그리고는 재빨리 달 쪽으로 시선을 돌렸다. "왜 바보처럼 손가락을 보고 있느냐?"는 꼬마의 비아냥이 예상되었기 때문이다.

그러나 그런 상투적인 비아냥은 다행히 듣지 않았다. 꼬마는 대신 "말이라면 이제 정말 딱 한마디만 보탤 거야"라며 나지막하게 읊조리기 시작했다.

수많은 경전은 가리키는 손가락 같아
손가락 이끄는 대로 하늘의 달을…….[19]

다 들을 필요도 없었다. 나는 무언가 대단한 것을 말해줄 것이라 생각했던 꼬마의 입에서 달과 손가락에 얽힌 바로 그 상투적 선문답 비슷한 얘기가 나오자, 참

[1 9]   조선 중기 소요 선사(逍遙禪師, 1562~1649년)의 시다.

으로 철없게도 속으로 쾌재 비슷한 것을 불렀다. 달을 연기의 도리에 연결시킨 꼬마의 해설은, 그날 산속을 덮친 어둠처럼 기습적이고 강한 임팩트를 가지고 있어서 당황하지 않을 수 없었으나, 그 이후 꼬마의 해설에는 별로 특별할 게 없다는 생각을 조금은 했던 것이다. '뭐, 그 정도야?' 하는 생각을 했던 것이다.

그러나 꼬마는 내 반응 따위는 안중에도 두지 않고, 조용히 읊조림을 이어갈 뿐이었다.

달 지고 손가락 잊으면 한가하나니
배고프면 밥 먹고 졸리면 잠잔다네.

나는 까무러칠 뻔했다. 꼬마의 얘기는 연기의 도리, 그러니까 달이니 진리니 하는 것에는 신경 쓰지 말아야 한다는 내용임이 분명했다. 그것은 분명, 다시 기습적이었고 강한 임팩트를 가지는 얘기였다. "붓다를 만나면 붓다를 죽이고, 조사를 만나면 조사를 죽이라"는 선가(禪家)의 과격한 얘기가 갑자기 생각났다.

그런 생각을 하는 사이, 언제 나타났는지 모르는 구름 한 줄기가 스르륵 나타나며 달을 지웠고, 나는 심한 허기와 주체할 수 없는 졸음을 느끼며 방으로 들어갔다. 그리고 쓰러져 잤다.

: 묵언

달 지고, 손가락 잊은 때문일까? 이후 1주일 동안, 나와 꼬마는 망월의 언덕에서 한가로운 시간을 보냈다. 그날 밤 달이 진 이후(정확히는 구름에 가려진 이후), 꼬마는 나에게 어떤 말도 하지 않았고, 나 역시 꼬마에게 아무런 말도 건네지 않았다.

말을 안 하는 방법으로 말 끊긴 곳을 체험해보겠다는 식의 단순한 발상을 했던 것은 아니다. 그저 어떤 목적과 강박도 버린 채, 정말 꼬마가 말한 대로 배고프면 밥 차려 먹고, 졸리면 누워 잤을 뿐이다. 생각해보라. 한 달 넘게 새벽 공양을 준비하다가, 거기에서 해방되었으니 얼마나 속이 편했겠는가?

　그리고 사실 꼬마와는 대화를 나눌 시간도 없었다. 꼬마는 매일, 새벽같이 일어나 바다가 한 눈에 내려다보이는 절 근처 바위를 찾아갔다. 내가 차려준 밥을 먹는 둥 마는 둥 하고는 그 바위에 걸터앉아 하루 종일 앉아 있는 것이었다. 무슨 선정에 든 사람처럼, 아니 그보다는 무슨 넋 나간 사람처럼 푸른 바다를 온 종일 내려다 볼 뿐이었다.

　그것은 아무래도 궁금증을 불러일으키는 광경이었는데, 나는 그래도 꾹꾹 참고 있다가 망월에 머문 지 1주일이 되던 날 꼬마에게 다가가 말을 걸었다.

　그날따라 망월의 언덕 위에는 바람이 거셌고, 꼬마와 함께 바다를 내려다보고 있던 소나무들도 심하게 흔들렸다.

　바람을 맞으며 꼬마에게 다가갔으나, 매일 바다 앞에서 무엇을 하고 있느냐는 식으로 묻지는 않았다. 나는 꼬마의 행동에 무언가 그럴 만한 이유가 있을 것이라 짐작했고, 그래서 단도직입적으로 묻고 싶지는 않앉기 때문이다. 대신, 하루 이틀 있으면 문을 열 본사(本寺)의 박물관 얘기를 꺼냈다.

"꼬마 스님……. 참선 그만 하시고 이제 목불 구경하러 가야지!"

해인

꼬마는 아무런 대꾸도 하지 않았다. 마치 어느 절의 대웅전에 모셔진 불상처럼 그는 미동도 하지 않은 채, 멀리 파도치는 바다를 바라볼 뿐이었다. 나는 그에게 몇 차례 말을 걸어보려고 했으나, 틈을 발견할 수 없었다.

하는 수 없었다. 나도 꼬마의 시선을 좇아 바다를 바라보았다.

끝없이 들이닥치는 파도…….

그것은 마치 사람과 세상을 힘들게 하는 번뇌와도 같아 보였다. 게다가 바람까지 세차게 불어 번뇌는, 아니 파도는 유난히 심하게 출렁거렸다. 저 파도를 잡을 수만 있다면, 그렇게 번뇌를 잡을 수만 있다면 우리 삶은 얼마나 평안할 것인가? 그러나 파도가 그치지 않듯, 온갖 잡념과 시름들은 한시도 멈추지 않고 우리 마음을 흩뜨려 놓고 만다.

바람은 가라앉지 않았다. 꼬마를 그냥 두어선 안 될 것 같다는 생각이 들었다.

"스님, 우리 그만 절로 돌아가자."

그때였다.

꼬마가 자세를 바로 잡더니 숨을 크게 들이쉬었다. 그리고 눈을 지그시 감더니 호흡을 고르려는 듯 숨을 길게 내쉬었다. 그리고는 감고 있던 눈을 조용히 떴다. 바로 그 순간…….

신비한 일이 벌어졌다.

세차게 불던 바람이 멈췄다. 이어 파도에 시달리던 광활한 바다가 순식간에 차분히 가라앉은 것이다. 몸을 흔들어대던 바람이 사라졌기 때문일까? 나와 꼬마를 둘러싼 풍경이 갑자기 비현실적으로 다가왔다.

정신이 아득해진다는 생각이 들 무렵, 고요해진 바다 위로 산과 나무와 태양의 모습이 정갈하게 비치며 떠올랐다. 꼬마가 조용히 입을 열었다. 1주일 만에 듣는 목소리였다.

"해……인……."

해인(海印)……. '화엄경'은 깨달은 자의 삼매(三昧) 속에 펼쳐지는 세계를 그렇게 묘사했다. 끝없이 들이치는 파도, 그 번뇌의 물결을, 넓은 바다는 오랫동안 감내해 왔다. 그러다 어느 순간 그 파도가 멎는다. 적멸(寂滅)……. 그 적멸의 순간에 산과 들, 나무, 해와 달까지 삼라만상(森羅萬象)이 그 위로 나타난다. 적멸의 바다(海) 위로 세상의 본래 모습이 도장 찍히듯(印) 드러나는 것이다.

순식간이었다.

해인의 풍경은 곧바로 사라졌다.

나는 놀란 눈으로 꼬마의 뒷모습을 바라볼 뿐이었다.

그는 도대체 누구일까?

가을

"아, 아니. 이게 무슨 일이오. 감히 불상을 태우다니."
"놀라시기는⋯⋯. 부처님을 태워 사리를 얻으려는 것뿐이오."
"목불에 무슨 놈의 사리가 있단 말이오!"
"사리도 없는 그냥 나무 덩어리를 땔감으로 쓰는데
왜 호들갑을 떠는 게요?"
-단하 천연

나는 망월의 언덕을 빠져 나와, 다시 나의 부엌이 있는
소림으로 향했다. 일정이 바뀌지 않았다면 나와 꼬마가
망월사에서 출발한 바로 다음날, 박물관이 공식적으로

문을 열 것이었다. 영험한 목불이 10년 만에 공개되는 것이다.

: 인파

꼬마와 산사로 돌아가는 길은 사실, 처음엔 좀 어색했다. 그럴 수밖에 없었다. 언덕 위에서 믿기지 않는 광경을 보지 않았던가? 바람이 잦아들고, 거울처럼 평안하게 된 바다 위로 산천이 비치던 그 장엄한 광경……. 찬바람 때문에 잠시 정신을 잃어서 헛것을 봤을 수도 있다는 생각을 안 한 것은 아니다. 하지만 꼬마가 "해인……"이라고 중얼거리는 동안 펼쳐진 그 광경은, 짧았지만 너무도 생생했다.

그리고 그 광경의 실재 여부에 대한 판단은 미루더라도, 꼬마가 언덕 위에서 좌정한 채 보여준 집중력과 끈기는 사실 상상을 절(絶)하는 수준이었다. 그가 정말 달마의 환생이 아닐까 하는 생각을 안 할 수 없었고,

그런 생각을 머릿속에 둔 채 그와 예전처럼 대화하기
는 어려웠다.

그래서 생긴 꼬마와 나 사이의 어색함을 깨준 것은
산으로 몰려든 인파였다. 사람들에 놀란 꼬마가 눈을
동그랗게 뜨고 나에게 물었다.

"행자, 이 사람들이 다 어디 가는 사람들일까?"

처음엔 그저 늦가을을 완상하기 위해 산을 찾은 사
람들이려니 했다. 그러나 주변 곳곳에서 돌출하는 대
화들이 그들의 정체를 금방 알려주었다. 그들 대부분
이 한참 만에 공개되는 목불을 알현하기 위해 산을 찾
은 사람들이었다. 나는 꼬마에게 말했다.

"복장으로 봐도 등산객은 아닌 게 확실하네."

보존을 위해 10년 전 일반 공개가 금지되면서 서서
히 잊히고 말았지만, 영험한 목불의 사연은, 전설처럼
신화처럼 사람들의 뇌리 속에 각인되었던 것이다. 어
쩌면 목불을 볼 수 없었던 10년의 세월이, 목불의 신비
감을 증폭시킨 면도 있었다.

"목불과 눈 한 번만 마주쳐도, 번뇌가 사라진대."

"목불에 삼천 배를 하면 아무리 어려운 일이라도 다 이뤄진대."

"목불에서 나온 나무가루를 물에 타 마시면 불치병도 나을 수 있대."

산사로 향하는 사람들은 그렇게들 쑥덕거렸고, 그런 얘기를 듣는 동안 꼬마달마는 난감하다는 표정을 지었다.

처로금풍

시간은 기어가고, 세월은 날아간다고들 하는데 계절의 변화가 꼭 그랬다. 절간에서 한참 부엌일에 열중할 때는 찌는 듯이 덥더니, 출가한 절에서 짧은 가출을 시도할 때쯤엔 청량한 바람이 불었다. 그리고 이제 절로 돌아가는 길, 나무들이 벌써 마른 잎을 떨어내려는 참이었다.

산을 메운 사람들은 신비와 영험을 체험하기 위해 약간은 흥분한 채 길을 재촉했지만, 산은 그런 인파를 진정시키려는 듯 채색을 잃고 차분하기만 했다. 봄에 거친 땅을 저항하듯 뚫고 나온 생명은, 여름에 자신을 화려하게 피어내지만, 가을엔 겨울 동안의 긴긴 휴식을 대비하며 모든 사치를 제거해 몸을 가볍게 한다.

내 생각을 훔쳐보기라도 했을까?

훤칠한 나무 하나가 높은 곳에서 나뭇잎 하나를 떨구어 냈다. 나뭇잎은 주춤주춤, 불규칙한 궤적을 그려내며 홀연히 떨어졌다. 자유 낙하하는 그 나뭇잎을 나처럼 뚫어지게 보고 있던 꼬마가 말을 꺼냈다.

"짧은 생을 한가롭게 마감하는 중이네."

말 한마디로 세상을 새롭게 보게 하는 꼬마의 능력……. 떨어지는 나뭇잎에서 꼬마는 나로 하여금 문득, 한 사람의 생애를 보게 했다. 나도 질세라 한껏 멋을 내어 대꾸했다.

"미련이 많이 남은 모양이네. 저렇게 슬로모션으로 떨어지는 걸 보면……."

"서두를 일은 아니니까……."

그래, 이제 흙으로 돌아가면 오랫동안 편히 쉴 나뭇

잎인데, 서둘러 떨어질 일이 또 뭐 있겠는가? 꼬마의 말대로, 미련 때문에 멈칫하는 게 아니라 그저 서두르지 않는 것뿐이리라. 나는 오랜만에 꼬마와 선문답 비슷한 것을 주고받으며 문득, 지금 내 주위에서 벌어지고 있는 자연의 변화, 그 쇠락에 어떤 깊은 의미가 담겨져 있지 않을까 하는 생각이 들었다. 꼬마에게 그 답을 듣고 싶었다. 혼잣말처럼 슬쩍 운을 띄웠다.

"이렇게 나무가 시들고 잎이 떨어지는 동안 도대체 무슨 일이 일어나고 있는 걸까?"

꼬마가 무심하게 한마디를 던졌다.

"체로금풍!"[20]

"뭐? 체로……뭐?"

"하하, 당황하기는……. 가을바람에 본모습이 드러난다는 얘기야!"

체로금풍(體露金風)……. 상서로워서 금빛 바람인 것

---

[20]   체로금풍(體露金風). 대선사 운문(雲門. ?~949년)의 말이다. 스산한 가을바람이 시든 잎 같은 번뇌와 망상을 쓸어내는 정경을 상상해볼 만하다.

일까? 금풍이 왜 가을바람이 되는 것인지는 알 수 없었지만, 꼬마가 전해주려는 뜻을 짐작 못할 바는 아니었다. 세상의 본모습도 사실은, 눈에 보이는 것과 다를 수 있다는 얘기인가? 시들고 바짝 마른 산과 나무의 모습이 심상치 않았다.

: 소문

처연한 늦가을의 풍경과 동행하며 걷는 동안, 날이 어둑해지기 시작했다. 수많은 사람들이 절 밑에 자리 잡은 민박집에 여장을 풀었다. 절 근처에서 밤을 보내고, 다음날 아침 개장하는 박물관을 찾으려는 것이었다.

꼬마와 나는 절로 올라가기 전, 허기도 달랠 겸 조그마한 식당에 앉았다. 밥을 주문하고 기다리는 동안 우리는 식당 주인으로부터 목불에 대한 세간의 소문들을 전해들을 수 있었다. 그 중 한 가지가 사리에 관한 것이었다.

"목불이 그냥 영험하기만 한 게 아니란 거지. 여기 찾아오는 사람들 대부분이 목불 안에 사리가 들어있는 걸로 믿는 것 같더라고⋯⋯."

왜 그런 얘기가 생겨났을까? 나는 못 참고 주인에게 물었다.

"근거도 없이 그런 얘기를?"

"목불에서 퍼져나가던 광채가 언제부터인가 수그러들었다고들 하잖아. 그런데 그 빛이 그냥 사라진 게 아니란 거지. 빛을 내던 기운이 목불 안으로 응축됐다는 거야. 그러니까 목불이 퇴색된 게, 목불 안에 사리가 생겼다는 증거라는 얘기야."

목불을 도끼로 쪼개보지 않는 한 확인할 수 없는 얘기지만, 언제부턴가 그런 얘기들이 황당하게만 들리지는 않았다. 10년 전 목불을 창고에 집어넣기 전, 얼마나 많은 사람들이 그 앞에서 정성을 다해 자신들의 소원을 빌었을까? 그렇게 쌓인 정성이면 사리 몇 개쯤 만들고도 남을 수 있으리라고 나는 지금도 생각한다.

"그리고 아까 어떤 사람이 정말 이상한 얘기를 해주

더라고⋯⋯."

식당 주인이 희한한 얘기를 들었다는 듯 중얼거렸
다. 나는 다시 물었다.

"어떤 얘기인데요?"

"목불이 이제 힘이 다해서 사람들 소원을 다 들어주
지 못한다는 거야."

옆에 조용히 있던 꼬마가 별 관심 없다는 목소리로
한마디 툭 던졌다.

"그럴 만도 하네. 사람으로 치면 육백 살도 더 먹었
는데."

식당 주인이 '옳거니!' 하는 듯한 목소리로 말을 이
었다.

"그래서 이제 소원을 딱 하나만 들어줄 수 있다는 거
야. 마지막으로 들은 소원 딱 하나만⋯⋯."

나는 기묘한 이야기라고 생각했다.

"마지막 소원만? 그거 참 희한한 얘기네요. 어떤 사
람 소원이 마지막 소원이 될지 어떻게 알아. 그건 아무
소원도 못 들어준다는 얘기나 똑같은 거네요. 그런 애

기 아닌가?"

"나야 알 수 없지만, 손님들이 그런 얘기들을 하더란 거지, 뭐."

: 수상한 인부

소문이란 게 다 그렇지만 목불을 둘러싼 얘기들도 사실상 확인 불가능한 것들이었다. 식당 주인이 전해 준 소문 역시 그럴싸했지만, 누구나 지어낼 수 있는 얘기이기도 했다. 어쨌거나 오랜만의 공개를 앞두고 신기한 소문이 나도는 것은 목불의 신비와 영험을 반영하는 것이었을 게다.

우두커니 그런 생각을 하고 있을 때, 꼬마가 어두운 밤길을 의식한 탓인지 빨리 절로 올라가자고 재촉했다.

우리는 오랜만에, 그러니까 나의 갑작스러운 가출 후 한 열흘 남짓 만에 본사를 지나치게 되었다. 본사를 지나 한 30분 올라가면 내가 묵고 있는 암자가 나올 터였다. 본사 옆엔 아담한 박물관이 덩그러니 자리 잡고 있었다. 그 안에는 목불이 사람들을 만나기 위해 오랜만에 때깔 좋은 모습으로 정좌하고 있으리라.

그때였다. 꼬마가 '쉿!'하는 시늉을 하며 박물관 뒷문 쪽을 가리켰다. 거리가 있어 뚜렷하게 알아볼 순 없었지만 야구 모자를 쓴, 호리호리한 체구의 남자 한 명이 문으로 빠르게 들어가는 게 보였다. 나는 혼잣말 하듯이 중얼거렸다.

"이 시간에 무슨 일로······."

꼬마가 소곤거리는 목소리로 말을 받았다.

"행자! 저 사람······. 기억 안 나? 그때, 우리가 시장에 다녀오다 목불을 창고로 옮기는 모습 봤잖아. 그때 목불 옮기던 인부 중 한 사람이야."

"아······. 그런가? 그러고 보니 본 것도 같네. 그런데 무슨 일로······. 내일 개관이니까 뭔가 마무리를 할 수도 있겠지만, 저렇게 혼자서······."

꼬마는 박물관으로 들어가는 인부의 뒷모습을 석연치 않게 쳐다보더니, 왠지 좀 허탈한 기운이 느껴지는 목소리로 말했다.

"어쨌든 어서 올라가야지."

나와 꼬마는 암자 쪽으로 올라왔다. 꼬마는 손짓으로 '어서 들어가라!'는 시늉을 했다. 그러고 보니 꼬마가 어디에 묵고 있는지 물어본 적이 없었다. 2주일 전 그는, 부엌에 갑자기 나타났고, 그 뒤로도 홀연히 사라졌다가 나를 찾아오곤 했다.

"꼬마 스님은 어디로?"

그러나 꼬마는 신경 쓰지 말라는 듯, 고개를 슬쩍 흔든 뒤 홀연히, 다시 사라졌다.

불

방으로 돌아왔지만 쉽게 잠이 오지 않았다. 일종의 무단가출을 했다가 오랜만에 돌아온 암자……. 이른 아침부터 떨어질지 모를 큰스님의 불호령을 의식해서였을지도 모른다. 아니, 그보다는 앞으로 행자 생활을 어떻게 해나갈지 그런 게 걱정이기도 했다.

　꼬마와 동행하면서 나는 수행자들의 경지를 흘깃, 보았다는 생각을 했다. 그것은 일상에서 체험하지 못한 신비한 경지였음에 틀림없었고, 그런 경지에 도달하기 위해 삶을 바쳐볼 수도 있다는 생각도 들었다. 그러나 마음 한구석에선……

　'태어나서 한 번 사는 건데, 모든 걸 내려놓고 꼭 그렇게 살아야 할까? 일상을 살아가면서도 수행자의 자세를 잃지 않으면 되는 것 아닐까? 어느 곳에서든 내 속에 활활 타오르는 집착의 마음을 끌 수만 있다면 그게 적멸이고 열반 아닐까?'

　순간, 법화경(法華經)에서 읽었던 '불난 집'의 비유가 떠오른 것은 그냥 우연이었을까? 아마도 '활활 타오르는 집착'에 대한 상념 때문이었겠지만, 오래 전에 읽은 경전의 내용이 퍼뜩 떠올랐다.

　불난 집 얘기는 그러니까, 어느 큰 부자의, 어마어마하게 큰 집에 불이 나 사방에서 불길이 들이닥치는데, 그 속의 아이들은 노는 데 취해 탈출할 생각을 안 하더란 내용이다. 불난 그 집이 바로 세상이요, 놀이에 빠진 아이들이 욕망에 취해 사는 인간들이란 얘기일 것이다.

그러니까 그날 잠을 설치게 한 나의 상념은, 그렇게 내 삶을 휘감은 불길을 세상 속에서 잡느냐, 세상 밖에서 잡느냐의 문제였을 것이다. 물론 쉽게 답을 낼 수 있는 문제가 아니었고, 나는 안절부절, 뒤척이다 새벽녘에야 잠이 들고 말았다.

그리고 해 다 뜨고 난 뒤에야 잠에서 깨어 큰일이 벌어지고만 사실을 알았다. 암자 밑 본사, 아니 정확히는 그날 공개될 예정이었던 박물관에 불이 나고 말았던 것이다. 간밤, 나의 법화경에 대한 상념은 그러니까, 그냥 우연이 아니었던 셈이다.

나는 암자 사람들의 소란에 잠을 깨어서는 허둥지둥 본사로 내려갔다.

늦가을의 건조한 기운은 잔인했다. 박물관은 몇 시간 만에 뼈대만 남은 채 검은 재로 변해 있었다. 이런 것도 체로금풍일런가? 가을바람에 건물의 앙상한 골격만 남고 말았다. 본모습인지는 모르겠지만…….

: 사리

　어느새 박물관 앞에는 꽤 많은 사람들이 몰려 있었다. 알려진 개관 시간(의미 없는 시간이 되었지만)이 제법 많이 남은 새벽이었지만 화재 소식을 들은 사람들이 댓바람에 절로 올라온 것이다. 그들의 관심사가 목불이었음은 물론이다.

　그런데 누군가 재주 좋은 사람 하나가 박물관의 잿더미 속에서 목불이 있던 자리를 확인한 모양이었다.

　"여기 봐! 목불이 다 재가 돼버렸네!"

　방문객 한 명이 까만 숯덩이 앞에서 목불의 이름과 내력이 새겨진 금속판 하나를 발견해 막대기로 들추어내며 말했다. 여기저기서 탄식과 한숨이 터져 나왔다. 자신들의 소원을 들어줄 부처님이 사라진 데 대한 아쉬움이었다. 저마다의 바람을 실현하기 위해 깊고 험한 산길을 마다 않고 달려온 사람들이었다.

　그때 목불 쪽을 유심히 살피던 한 중년이 옆에 있는 지인에게 속삭이듯 말했다.

〜

"혹시 어젯밤 목불에게 소원을 얘기한 사람이 있는 것 아닐까? 목불이 마지막으로 듣게 된 소원만 들어준다는 거 아니었어? 소문이 그랬잖아."

어제 식당에서 들었던 '마지막 소원'에 대한 얘기였다. 식당 주인에 따르면 목불이 기력이 쇠해 가장 나중에 들은 소원만을 들어준다는 풍문이 떠돈다 하지 않던가?

'아니 혹시?'

어젯밤 박물관에 들어가던 인부의 모습이 머릿속에 퍼뜩 스쳤다.

'아니야, 아니야. 그럴 리가……. 사람을 함부로 의심해선 안 되지.'

그때였다. 스님 한 분이 목불 쪽으로 거침없이 다가가더니, 나뭇가지로 목불의 잔해를 들쑤시기 시작했다. 언뜻 무언가를 찾는 것처럼 보였으나, 찬찬히 보고 있노라니 그게 아니었다. 무언가를 찾는다기보다, 무언가를 찾고 있다는 사실을 알리고 싶어 하는 것 같았다.

그 생각이 맞았다. 잠시 후, 스님이 나뭇가지를 내던

지고 손을 털더니 사람들 들으라는 듯 외쳤다.

"영험한 부처님이라더니 사리도 없네. 그냥 커다란 나뭇조각이었던 모양이야. 부처님 친견 좀 하나 했더니 헛걸음했네, 헛걸음……."

사람들이 웅성거렸다. 그도 그럴 것이 산으로 올라온 사람들 모두가 목불로부터 모종의 기적을 원했다. 목불이 그냥 나뭇조각에 지나지 않는다고 생각한 사람들은 없었다.

물론 소문 그대로 목불이 사리를 품고 있으리라 기대하진 않았을지 모른다. 그러나 도인 풍모의 훤칠한 스님이 목불을 두고 '사리도 없는 가짜 부처님' 취급하자, 맘이 편치는 않았던 것이다.[21]

---

[21] 단하소불(丹霞燒佛), 단하가 목불을 태운다. 마조의 법을 이은 단하 천연(丹霞天然, 739~824년)의 에피소드는 세속의 안목으로도 기상천외하다. 단하는 어느 해 겨울, 행각 도중 혜림사라는 절에서 갑작스레 하룻밤을 묵게 된다. 그러나 혜림사에서는 공양은커녕, 불도 안 때준다. 춥고 배도 고팠던 단하는 법당에서 목불을 끌어내려다 도끼로 쪼개더니 불을 피운다. 혜림사 스님들은 당연히 난리가 났다. "이 무슨 짓인가?" 단하는 태연히 대답한다. "사리를 찾는 중이지!" 있을 리 없는 그 사리…….

나 역시 적잖이 당황했는데, 그 스님의 얼굴을 확인한 후 당혹감은 더 했다. 1주일 전 절벽 앞에서 치자꽃 향기를 맡게 해주었던 황룡이었기 때문이다.

"어? 황룡 스님!"

"음……. 행자시군요. 행자도 가짜 부처를 알현하러 오셨나?"

"아, 아니 저는……."

: 사라진 달아

아마도 내가 절에 머물고 있다는 사실을 잊은 모양이었다. 무언가 설명을 하려 했지만, 황룡은 어느새인가 군중 속으로 사라지고 있었다. 하여간 순식간에 잘도 없어지는 스님이라고 나는 생각했다.

그런데 그와 동시에 다른 스님 한 분이 목불의 잔해 앞으로 홀연히 나타났다. 놀랍게도 생사를 넘나들게 하던 폭우 속 호수에서 만났던 떠돌이 선승이었다. 누더기를 기운 승복만으로 그를 확인할 수 있었다.

'이게 무슨 일이야? 약속이나 한 듯이 동시에…….'

선승에게 다가가 아는 체를 하려는데, 목불의 잔해를 잠시 지켜보던 선승은 눈을 감더니 시 비슷한 것을 읊조렸다.

금부처는 화로를 건너지 못하고,

진흙부처는 물을 건너지 못하고,

나무부처는 불을 건너지 못하거늘…….[22]

나는 급히 떠돌이 선승을 세우고 말을 걸려고 했으나, 그 역시 홀연히 군중 속으로 들어갔다. 그때였다. 누군가 내 옆에서 중얼거렸다.

"참된 부처야 자신의 마음속에서나 찾아야지!"

[22]　조주 어록 중에 등장하는 말로 순서를 약간 달리했다. 원문은 "금부처는 화로를 건너지 않고, 나무부처는 불을 건너지 않으며, 진흙부처는 물을 건너지 않는다"이다. 조주는 이어 "참된 부처는 사람들 각자의 본성에 있으니, 보리·열반·진여·불성 따위의 말은 모두 몸에 붙은 옷 같은 것이며 번뇌일 뿐"이라 설파한다.

아⋯⋯. 노불이었다. 어쩌자고 이 분들이 한꺼번에⋯⋯.

노불이 내 어깨를 툭 치더니 물었다.

"그런데, 조사는 어디로 가셨나?"

정체

좋구나, 송이송이 내리는 흰 눈!
저마다 제자리를 찾아가누나.

-방 거사

조사? 조사가 누구인지 물어보려 했으나, 이 분 노불도
휘리릭, 사람들 사이로 사라졌다. 황룡, 떠돌이 선승에
이어 노불까지……. 이 분들은 뭐 이리 한결같이 바람으
로 나타났다가 연기로 사라져버리는가?

⠂궁금증

선가(禪家)에서 조사라 함은 달마 대사를 말한다. 그러나 노불이 뜬금없이 그 옛날 달마 대사가 어디 갔느냐고 묻지는 않았을 것이다. 달마 대사는 이미 1,500년 전에 죽은 사람이니까. 그래서 나는 노불이 소재를 궁금해 한 '조사'가 바로 꼬마 스님을 말할 수도 있다는 사실을 직감했다.

그러나 그렇게 추정할 수는 있었지만 꼭 단언하기도 무엇했다. 목불이 불탄 현장에 노불이 나타난 것은 새벽이었고, 그때 꼬마가 그 자리에 있어야 할 이유는 없었다. 물론 워낙 오지랖이 넓은 꼬마라 무슨 일이 있으면 꼭 현장에 나타나곤 했지만, 그렇지 않다고 무조건 이상하다 할 것도 아니었다. 본인이 안 나오면 안 나오는 거니까.

하지만 꼬마가 이후로도 며칠 동안 모습을 드러내지 않은 것은 의외였다. 작별 인사를 한 것도 아니었고, 절 경내의 화재에 대해 궁금해 하지 않을 리 없었기 때

문이다. 그렇게 며칠을 지내면서 나는 노불이 말한 조
사가 꼬마임에 틀림없을 것이라 생각했고, 도대체 꼬
마는 어디에서 무엇을 하고 있을까 궁금해졌다. 그리
고 노불이 꼬마에 대해 '조사'란 호칭을 그렇게 자연스
레 쓰는 이유에 대해 곰곰이 생각하지 않을 수 없었다.

그 꼬마는 정말 그 옛날의 달마와 어떤 관계가 있단
말인가?

: 달마의 최후

나는 문득, 그 옛날 진짜 달마의 최후가 어땠는지 궁
금해졌다. 그는 중국이 남북조시대였던 6세기에 인도
또는 페르시아에서 건너와 양 무제를 만나고, 소림사
옆 어느 동굴에서 9년간 면벽 수행을 했다는 사실은
들어 알고 있었다.

또 어느 겨울 눈 내리던 날, 동굴을 찾아온 신광(神
光)이라는 젊은이에게 법을 전해준 사연도 알고 있었

다. 그 사연은 대단히 인상적이었는데, 전하는 바에 따르면 신광이란 젊은이는 자신을 만나주지 않는 달마를 동굴에서 불러내기 위해 팔을 칼로 자해했다는 것이다. 그리고는 단도직입적으로 자신의 마음을 평안하게 해달라고 달마에게 요청했다는 것이다. 이후 달마의 제자가 된 신광은 이름을 혜가(慧可)로 바꾸었다.

거기까지는 알았는데, 이후 달마가 어떻게 죽었는지는 모르고 있었다. 그래서 나는 본사에 내려가 한 스님에게 달마에 관한 전승을 들려달라고 했다. 그 스님에 따르면…….

자신의 입직이 가까웠음을 느끼고 제자들을 한자리에 불러 모았다. 제자는 혜가를 포함해 모두 네 명이었다. 달마는 이들에게 각자의 깨달음에 대해 말해보라고 했다.

첫 번째 제자와의 문답이 이랬다.

"문자에 집착해선 안 되지만, 그것 없이 지낼 수도 없습니다. 문자를 깨달음의 도구로 사용하면 그뿐입니다."

"자네는 내 살갗을 얻었네."

두 번째 문답.

"잠깐 보고는, 다시 못 보는 경지입니다."

"내 살을 얻었네."

세 번째 문답.

"물질과 정신이 모두 비어 있습니다."

"내 뼈를 얻었네."

마지막 혜가의 차례. 혜가는 아무 말 없이, 공손히 인사를 한 번 하고는 그냥 앉아 있기만 했다.

"그대가 나의 골수(骨髓)를 취했네!"

이게 기록으로 전하는 달마의 마지막 행적이란 것이 스님의 설명이었다.

: 독살

"그런데……."

스님이 말을 이었다.

"그런데요?"

"그건 공식 기록에 남아 있는 것이고, 그 이후의 얘기가 전설로 전해오지."

"어떤?"

그것은 달마의 독살에 관한 이야기였다.

달마가 오기 전에도 중국에는 불교가 이미 전래되어 있었고, 토착 불교 세력들은 이상한 교리를 전파하는 달마를 못마땅해 했다. 그래서 몇 차례 독약을 음식에 섞어 먹게 했고, 달마는 그때마다 내공으로 독을 소화했다(그게 가능한 건지 모르겠지만). 그러나 혜가에게 불법을 전한 뒤 다시 건네져 온 독을, 달마는 내공을 발휘하지 않고 받아들인다. 희대의 선사는 그렇게 무덤에 묻힌 것이다.

그러나……

시간이 흐른 뒤 서역으로 향하던 중국의 한 사신이 히말라야를 넘어가는 달마를 목격하게 된다. 그때 달마는 낡은 지팡이에 짚신 한 짝을 매달고 한가하게 걸어가는 중이었다. 사신은 사람을 시켜 달마의 무덤을 파헤치게 했다.

"그랬더니요?"

스님이 답했다.

"무덤에는 짚신 한 짝만 덩그러니 남아 있었지."

"엥? 그럼 달마가 부활했다는 건가요?"

"부활? 음⋯⋯. 절에서 사용할 용어는 아닌 것 같고⋯⋯."

"아, 네. 하여튼 달마가 다시 살아났다는 거네요."

"그렇지."

"그 다음에는 어떻게?"

"그걸 내가 어떻게 아나? 자네가 조사 만나면 직접 물어보든지."

: 첫눈

목불을 태운 화재가 일어난 후 한 달이 지나도록 꼬마는 암자에 나타나지 않았다. 그동안 나는 다시 공양

주로서의 임무에 충실했다. 꼬마와의 기이한 동행을 겪은 후, 나는 마음이 한층 편안해졌다는 것을 스스로 느낄 수 있었다. 깨달음에 조급하게 연연하지 않고 하루하루에 충실할 수 있게 된 것이다. 꼬마는 처음 부엌에 찾아왔을 때 "부엌일만 잘해도 부처가 될 수 있을 것"이라 했는데, 꼭 부처가 되지 않아도 절 생활이 불편할 것 같지는 않았다.

그리고 여느 날처럼 공양을 준비하고, 부엌 앞 바위에 걸터앉아 있는데 하늘에서 눈이 내리기 시작했다. 첫눈이었다.

나는 조용하게 내리는 눈을 망연자실하게 앉아 쳐다보았다. 저렇게 수많은 눈송이들이, 서로의 자리를 탐내지 않고 자신들만의 자리를 찾아 떨어진다는 것이 신기하게 느껴졌다. 그렇게 내리는 눈은 서두르지 않은 채 산들을 덮어 나가고, 얼마 지나지 않아 세상을 온통 하얗게 만들었다.

분별(分別)을 무의미하게 하는 풍경이었다. 누군가 멀리서 나를 본다면, 나와 풍경을 구분하는 것도 무의

미하다 했을 것이다. 저 눈 속에서는 세상과 내가 다르지 않고, 세상 속에 펼쳐진 만물도 서로 다르지 않은 것이리라.

그때, 뒤쪽에서 낭랑한 목소리가 들려왔다. 선시(禪詩)인 듯, 짧은 시 구절이 조용한 목소리에 담긴 채 눈 덮인 산사를 감싸 안았다.

봄엔 꽃 피고, 가을엔 달 뜨네.
여름엔 서늘한 바람, 겨울엔 조용한 눈,
이러쿵저러쿵 헛걱정하지 않으면
그 인생 오래도록 좋은 계절인 것을…….[23]

마음속 불순물을 모두 비워내주는, 그런 시였다. 참 평화로운 아침이라고 생각하다가, 나는 고개를 돌렸다.

[2 3]　선(禪) 어록의 하나인 〈무문관(無門關)〉 제19칙에 나오는 송(頌)이다. 제19칙은 남전 선사의 '평상심'에 관한 내용이다. 조주가 스승인 남전에게 "어떤 것이 도(道)입니까?"라 물었을 때, 남전이 "평상심이 도이니라" 했다는 것이다. 본칙의 내용에 더없이 맞춤한 게송이라 하겠다.

'혹시, 꼬마?'

아무도 보이지 않았다. 나는 눈발을 헤치고 소리가 들려오던 선방 쪽으로 뛰어갔다.

"아······."

짧은 탄식이 나왔다. 꼬마가 아니었다. 수행 중이던 젊은 선승이었다.

그나저나 이 추운 날 꼬마는 도대체 어디 있는 것일까?

더 이상 늦추어선 안 될 것 같다는 생각이 들었다.

나는 꼬마를 찾아 나섰다.

: 회상

과연 만날 수 있을까? 꼬마는 언젠가 심드렁한 목소리로 자신이 암자에서 한 시간 정도 떨어진 곳에서 묵는다는 얘기를 들려준 적이 있다. 한 시간쯤 올라가면 늘씬한 전나무들이 모여 있는 곳이 있다는 것이었다.

참으로 막연한 정보였고, 눈까지 내리는 날이었지만, 한 시간이면 그리 먼 곳도 아니어서 나는 마음을 굳히고 길을 나섰다.

산길을 올라가며 꼬마달마와 함께 한, 한 계절이 주마등처럼 스치고 지나갔다. 가을의 초입에 불쑥 나타난 꼬마달마와 함께 나는, 무언지 말로 설명할 수 없는 신비한 경험을 했다. 그 전의 내 삶과는 질적으로 확연히 구분되는 어떤 기간이었다.

뭐라 설명해야 할까? 마치 시간이 잠깐 멈춘 틈을 타, 옛 선사들과 그들의 자취가 내 삶으로 비집고 들어온 그런 느낌이었다. 그 공간은 그 전의 일상과는 확연히 다른, 역설과 반전과 유머와 신비의 공간이었다. 그 이상한 시공간은 영험하다는 목불이 불타고, 그 불탄 목불이 아무것도 아닌 나뭇조각에 불과했다는, 어쩌면 당연한 사실을 접하게 되면서 일단락되었다. 아, 아니다. 그보다 갑작스럽게 나타난 꼬마가 더 이상 나타나지 않으면서 일단락되었다고 말해야 옳을지 모른다.

사실은 읍내의 시장을 다녀올 때부터 느낀 것이지

만, 그는 보통 꼬마는 아니었다. 그러나 그가 자신의 이름을 달마라고 소개했다고 해서, 1,500년 전 달마가 겪었던 일들을 소상히 알고 있다고 해서, 또 망월의 언덕에서 파도를 잔잔하게 하는 듯한 이적(異蹟)을 보였다고 해서 그를 달마의 환생이라고 볼 수는 없었다.

1,500년 전, 무덤에서 나와 짚신 한 짝을 지팡이에 걸친 채 히말라야를 넘고 있었다는 이야기야, 말 좋아하는 사람이 만들어낸 그야말로 전설 아니겠는가? 만에 하나 그가 1,500년 전 히말라야를 헤맨 것이 사실이라 해도, 21세기에 다시 나타난다는 것이 어떻게 가능하겠는가?

그것도 꼬마의 모습으로 말이다.

동굴

그런 생각을 하는 사이 눈앞에 꼬마가 얘기했던 전나무 군락지가 펼쳐졌다. 주위의 험한 산세와 어울리지 않게 널찍하고도 아늑한 곳이었다. 암자에서 한 시간밖에 떨어지지 않은 곳에 어떻게 이런 공간이 숨어 있는지 신비할 정도였다.

어지럽게 날리는 눈발 때문인지 전나무 숲의 풍경은 비현실적이었다. 그렇게 비현실적인 전나무 숲을 관통하자, 무슨 무협지에나 나올 법한 절벽이 숲을 막아섰다. 그리고, 그리고 말이다. 정말 비현실적이면서 동시에 무협의 스타일로, 절벽 한쪽에 멀찌감치, 조그마한 동굴 입구가 하나 보였다.

'혹시 저곳이 꼬마가 있는 곳일까? 꼬마 혼자 저런 곳에 사는 게 가능할까?'

동굴 쪽으로 다가가려다가 나는 멈칫했다. 인기척이 들렸기 때문이다. 동굴 입구에서 얼마 떨어지지 않은 곳에 승복 차림의 한 젊은이가 눈을 뒤집어 쓴 채 꼼짝 않고 앉아 있었던 것이다. 눈은 이미 그의 무릎까지 차올라 있었다. 나는 굵직한 전나무를 하나 골라 그 뒤에 숨었다. 그때 무릎 꿇은 젊은이가 무언가 하소연하듯 고개를 들고 누군가에게 말을 하는 것이었다.

"그동안 수많은 책을 읽고, 수많은 사람을 만나 배움을 청했으나 제 마음은 여태 불안하기만 합니다. 청컨대, 저에게 마음의 평안을 주십시오."[24]

이 폭설 속에서 애타게 간청하고 있는 저 젊은이는 도대체 누구일까? 그리고 누구에게 저런 간청을 하는 것일까? 나는 젊은이의 시선이 향한 곳을 좇았지만, 웅장하게 버티고 서 있는 전나무들로 인해 젊은이가 간청하고 있는 대상은 볼 수가 없었다.

나는 그를 확인하기 위해 조용히 앞 쪽의 나무로 발걸음을 옮겼다. 젊은이가 간청하고 있는 대상은 여전히 보이지 않았지만, 젊은이의 모습은 훨씬 더 정확히 알아볼 수 있었다. 그런데 이런……. 그의 왼팔에서 붉은 피가 흐르고 있었다. 팔을 크게 다친 듯했다. 이런 산중에서 팔을 다친 상태로, 마음의 평안을 달라는 간청을……. 이해할 수 없는 일이었다. 그러나 순간, 나는

[2 4]　　선가(禪家)에 전하는 제2조 혜가(慧可, 487~593년)의 구도 과정은 정말로 처절했다. 혜가는 달마에게 자신의 진지함을 보이기 위해, 칼로 왼팔을 끊었다. '단비구법(斷臂求法)'의 고사가 나온 사연이다.

무언가 크게 잘못되고 있다는 사실을 깨달았다.

'달마를 찾아갔던 혜가, 아니 신광의 모습 아닌가?'

나는 혼란으로 정신이 아득해졌다. 이해할 수 없는, 있을 수 없는 일이 눈앞에서 벌어지고 있는 것이었다. 더 이상 숨어 있을 필요가 없었다. 나는 무릎 꿇은 젊은이 쪽으로 가기 위해 비틀거리면서 한 발을 뗐다. 그때 전나무에 가려 보이지 않던 누군가가 뒤늦게, 젊은이에게 답변을 했다.

"불안하다는 그대의 마음을 내게 가져와보라."

나는 다시 멈칫했다. 눈 속에 파묻힌 젊은이도 멈칫했다. 그리고는 말을 이었다.

"오랫동안 찾아 헤맸으나, 그 마음을 찾지 못했습니다."

나는 기대고 있던 나무 앞으로 나왔다. 혼미한 정신으로 그들을 향해 걸어갔다. 쓰러질 듯 걸음을 옮기는 사이 "마음을 가져와보라"던 이가 마지막 답변을 했다.

"그대에게 이미 평안을 주었노라."

나직한 답변과 함께, 마침내 전나무 뒤로 가려져 있

던 이의 모습이 드러났다.

　꼬마달마였다.

　나는 얼어붙은 듯 그 자리에 섰고, 두 사람은 놀란
듯 내 쪽을 쳐다보았다.

　나는 정신을 잃고, 하얀 눈 위로 쓰러졌다.

산중문답

정신을 차렸을 때, 나는 동굴 안에 누워 있었다. 나는 눈만 뜬 채로 동굴 바깥에서 일어났던 일을 떠올렸다. 시간여행이라도 했던 것일까? 달마로부터 법을 전수받은 선불교의 제2조 혜가를 바로 눈앞에서 보다니……. 그것도 달마에게 첫 가르침을 요청하는 그 장면을 말이다. 추위 때문에, 아니면 눈발이 어지럽힌 시야 때문에 헛것이라도 본 것인가?

헛것은 아니었을 것이다. 그리고 달마가 있어야 할 자리에 서 있던 꼬마 역시 잘못 본 것은 아니었을 것이다.

　나는 몸을 일으켜 세웠다. 입구 쪽으로 조그마한 바윗돌 하나만 덩그러니 놓인 동굴은 비좁았으나 답답하지는 않았다. 나는 몸을 돌려 동굴 안쪽을 둘러보았다. 벽 앞에서 한 걸음쯤 떨어진 곳의 바닥이 얕게 패어 있었다. 누군가 오랫동안 앉아 있던 흔적이었다. 자세히 보니 벽의 한부분이 주위와 달리 희게 변색되어 있었다. 누군가 바닥에 앉았을 경우 사람 눈높이 정도에 해당할 위치였다.

　나는 눈을 질끈 감고 잠시 생각에 잠겼다. 그리고 눈을 떴다.

　맞다!

　불가능한 일이 일어났던 것이다.

　다른 생각은 들지 않았다. 그저 아쉬울 뿐이었다. 꼬마 스님과 아니, 달마와 지난 몇 달간의 일에 대해 잠깐만이라도 얘기를 나눌 수 있으면 좋으련만……. 정돈된 동굴의 모습을 볼 때, 꼬마달마는 아마도 떠난 듯했다.

　그는 왜 나를 찾아왔을까? 나에게 가르침을 전해주

고 싶었던 것일까? 그와의 만남은 내내 즐거웠다. 그것이 가르침인지는 모르겠지만, 세속에서 만나지 못했던 기이한 인연과 대화는 나에게 확실히 새로운 세상을 보여주었다.

이제 떠나야 했다. 주인 없는 곳에 머물 수는 없었다. 나는 옷을 털고 입구 쪽으로 발길을 옮겼다.

이게 무얼까? 입구 쪽 바윗돌 위에는 낡고 색 바랜 책 하나가 놓여 있었다. 책 표지에 '山中問答'이라고 쓰여 있었다.

'산중문답? 스님들의 문답을 엮어놓은 책인가?'

나는 책을 한 장 한 장 넘기며 내용을 살폈다.

눈을 의심하지 않을 수 없었다. 〈산중문답〉에는 내가 꼬마를 만난 후 겪었던 이상한 대화들이, 순서는 다르지만 여기저기 적혀 있었던 것이다. 꼬마가 나를 처음 만난 날 건넸던 쌀과 모래에 관한 이야기부터 시장 정육점 주인의 '최상등품 고기' 이야기, 황룡의 꽃향기 이야기, 그리고 아무에게나 차를 권하던 노불의 사연까지, 모든 내용이 등장인물은 달랐지만 〈산중문답〉에

고스란히 담겨 있었던 것이다.

다시 정신이 아득해졌다.

나는 그동안 어떤 세계에 있었던 것일까?

그 기이한 세계로의 여행에서 나를 동행했던 꼬마는 정말 누구인 걸까?

그때였다.

책 사이에서 메모지 한 장이 빠져 나오더니 낙엽처럼 홀연히, 바닥으로 떨어져 내렸다.

'혹시 꼬마가 나에게 편지를?'

나는 종이를 집어 들었다. 종이 위에는 달랑, 두 개의 한자어가 쓰여 있을 뿐이었다.

不二!

불이…….

둘이 아니다? 다르지 않다?

어쩌면 그럴 수도 있을 것이다. 본체와 현상이 다르지 않고, 얼핏 달라 보이는 두 세계도 사실은 동전의 양면일 수 있는 법이니……. 번뇌가 곧 보리(菩提)라 하지 않던가. 내가 줄곧 탈출하려고 애쓰고 있는 이 불안한 일상이 어쩌면, 그 자체로 피안일 수도 있다는 생각이 스쳤다.

　나는 그때서야, 내내 장난스러웠던, 그러면서도 심오했던 꼬마의 미소를 떠올렸다.

　그리고 메모지를 곱게 접어 손에 쥔 채, 긴 터널 같은 동굴을 천천히 빠져 나왔다.

말 끊긴 곳에서 펼쳐진 풍경들

.

　이 짧은 소설에는 20여 가지의 선문답 또는 화두가 등장한다. 그 중에는 현사 선사의 개울물 이야기, 보적 선사의 푸줏간 이야기처럼 생소한 것들이 있는가 하면, 달마의 9년 면벽, 혜능의 깃발 이야기처럼 널리 알려진 것들도 있다.

　어느 쪽이든 소설에 등장하는 이야기들은 일상적인 눈으로 볼 때 무의미하고 논리를 결여하고 있으며 심지어 부조리하기까지 하다. 대화는 엇나가고, 대화의 당사자들은 자신들의 기이한 문답 앞에서 기고만장해

하거나 당황해 한다. 그나마 소설 전체의 테마라 할, 불탄 목불의 사연에 엮여 들어가 있는 20여 가지의 에피소드는 '정상적인' 대화에 가까운 것들이다. 일상적인 지성으로는 도대체 뜻을 파악하기 어려운 에피소드가 이른바, 선가(禪家)에는 넘치고 또 넘쳐난다.

그렇게 넘쳐나는 기묘한 대화와 상황을 대개 공안(公案)이란 용어로 뭉뚱그리는데, 그 수가 1,700가지 이상이다. 그리고 그 에피소드의 원류를 추적할 때 모습을 드러내는 것이, 바로 연꽃 한 송이와 조용한 미소로 상징되는 2,500년 전의 한 사건이다. 우리가 흔히 염화시중(拈華示衆)의 미소라 일컫는, 붓다와 그의 제자 가섭 사이의 '사건'인 것이다.

붓다는 설법 대신 말 없이 꽃 한 송이를 펼쳐 보였고, 어리둥절해 하는 대중들 속에서 가섭만이 홀로 희미한 미소를 지어 보였다. 그 짧은 순간에, 붓다의 법 일체가 이심전심으로 가섭에게 전달되었다고 보는 것이, 이후 선사들의 시각이다.

가섭에게로 전해진 법은 1,500년 전 중국으로 건너간 달마에 의해 도약의 계기를 마련한다. 9년 면벽의 막바지에서 달마(初祖)는 가까스로 혜가(2조)라는 제자를 만나 법맥을 전하고, 그 법은 승찬(3조), 도신(4조), 홍인(5조)을 거쳐 바로 육조(6조) 혜능에게로 연결되는 것이다.

일자무식 나무꾼이었던 혜능의 갑작스러운 깨달음은 불립문자(不立文字)를 표방하는 선불교의 정착에 안성맞춤인 하나의 '신화'였을 것이다. 그렇게 불교는 당(唐) 초기인 7세기, 혜능을 통해 중국에서 전면적인 탈바꿈을 시도하고, 이후 200~300년에 걸쳐 선(禪)의 황금시대를 만들어낸다. 그리고 그 불꽃 같은 시기에 만들어진 1,700개의 공안은, 당을 이은 송(宋)이 여진족에 밀려 남쪽으로 피신하기 20년 전인 1004년, 풍전등화의 상황에서 『전등록(傳燈錄)』을 통해 집대성된다.

1,700여 개의 공안은 진정한 '나'를 찾기 위해 또는 버리기 위해 고군분투하던 걸출한 선승들, 그리고 그들의 네트워크를 통해 구현되었다. 혜능의 법은 일단 남악 회양과 청원 행사 두 제자를 통해 각각 마조 도일과 석두 희천이라는 걸출한 제자들에게 전해진다.

　이어 마조의 법은 한편으로 남전을 거쳐 고불(古佛) 조주에게로, 다른 한편으로는 백장과 황벽을 거쳐 임제종의 창시자 임제로 이어진다. 동시에 석두의 법은 천황 도오와 덕산 선감, 설봉 의존 등을 거쳐 운문종의 개조(開祖)인 운문 문언과 멀리 법안종의 법안 문익에게로 전해진다.

　그런데 시대를 풍미한, 이 걸출한 선의 대가들, 그리고 그들의 기이한 말과 행동을 관통하는 공통의 요소를 한마디로 정리할 수는 없을까?

　아마도 불가능한 일이리라!

　그 공통요소야말로 수많은 조사들이, 그나마도 걸러진 1,700여 개의 공안을 통해 끊임없이 환기하려 했던 바로 '그 무엇'일 것이기 때문이다. 환기는 할 수 있으되, 꼭 집어 말할 수는 없었던, 말로 표현해서는 안 된다는 공감대 속에 자리 잡고 있던 '그 무엇'이기 때문이다.

하지만 그것이 무엇인지 말로 설명할 수는 없지만, '그 무엇'에 다가가려는 시도를 하나로 묶을 수 있는 여지는 남아 있다. 그것은 바로 그 모든 시도들이 '불립문자'에 대한 고집스러운 신념에 기초한다는 것이다. 말을 세우는 순간, 개념을 통해 무엇인가를 범주화하려는 순간, 그 시도는 곧바로 빗나갈 수밖에 없다는 점에 대해서 붓다도, 조사도, 그 이후 수많은 선사들도 전혀 의심하지 않았다.

그런데 말에 대한 반감을 공공연히 드러내는 불립문자의 원칙은 현대에 들어서 예상치 못한 진가를 발휘한다.

불립문자는 그 논리적 귀결로 언어도단(言語道斷)을 꿈꾼다. 난마(亂麻)를 한 칼에 쳐내는 쾌도(快刀)의 모습으로, 이 세계를 복잡하게 채운 수많은 말들을 한 번에 잘라내려 하는 것이다. 그런데 그 수많은 '말'들이야말로 현대인들의 의식과 무의식을 채운, 스트레스와 불안의 주범이 아닐까? 언어 없이는 어떠한 사유도 불가능하다는 사실을, 언어가 사유 그 자체임을 현대의 철학이 공공연히 얘기하고 있지 않은가?

선의 공안들은 말을 거부하고 쳐냄으로써, 말이 도달하지 못하는 '그 무엇'에 도달하려는 한결같은 시도였다. 우리들의 의식과 무의식을 채우고 있는 말과 개념을 단칼에 싹둑, 잘라버리려 했던 게 선사들의 엉뚱한 말, 그리고 기이한 행동의 본질이었다. 선은 그렇게 불립문자와 언어도단을 무기로, 현대인들의 고뇌와 번민을 날릴 수 있는 최적의 도구가 될 가능성을 갖게 된다.

눈을 감고 조용히 생각해보라. 우리의 일상을 지배하고, 우리의 삶을 힘들게 하는 것들은 대부분 '말'로 이루어져 있다. 어쩌면 실체로부터 이미 유리되었을 수도 있는 '말'들이 유령처럼 우리의 일상을 괴롭히고 있는 것이다.

그렇게 우리를 괴롭히는 것이 수많은 말들이라 할 때, 그 말들을 헤치면서 그 말들에 가려진 마음을 직접 가리키려 했던 선사들의 행동을 저 옛날, 기인들의 우스꽝스러운 기행 정도로 폐기할 수는 없을 것이다.

그런 맥락에서 이 짧은 소설에 등장하는 또는 등장하지 않는 선의 화두들을 한번 떠올려보았으면 한다. 처음에는 기이하게만 느껴지던 선문답들이, 나를 위협하고 있는 정체불명의 관념들을 깔끔하게 날려주는 신비의 묘약이 될 수 있음을 알게 될 것이다.

붓다는 왜 말 없이 한 송이 연꽃을 꺼내 들고, 제자는 그 앞에서 왜 말 없이 웃고 말았는지……. 그들의 속내도 그때쯤이면 어렴풋이 드러날지 모르겠다.

< 선불교 계보도 >

육조 혜능
(六祖慧能, 638~713)

청원 행사
(靑原行思, ?~740)

석두 희천
(石頭希遷, 700~790)

천황 도오
(天皇道悟, 748~807)

약산 유엄
(藥山惟儼, 751~834)

용담 숭신
(龍潭崇信, ?~838)

운암 담성
(雲巖曇晟, 781~841)

덕산 선감
(德山宣鑑, 780~865)

동산 양개
(洞山良价, 807~869)

설봉 의존
(雪峰義存, 822~908)

조산 본적
(曹山本寂, 840~901)

운문 문언
(雲門文偃, ?~949)

현사 사비
(玄沙師備, 835~908)

나한 계침
(羅漢桂琛, 867~928)

법안 문익
(法眼文益, 885~958)

```
                              남악 회양
                          (南嶽懷讓, 677~744)

                              마조 도일
                          (馬祖道一, 709~788)


              백장 회해                    남전 보원
          (百丈懷海, 720~814)           (南泉普願, 748~834)

                                          조주 종심
                                      (趙州從諗, 778~897)

     위산 영우          황벽 희운
 (潙山靈祐, 771~853)   (黃蘗希運, ?~850)

     앙산 혜적          임제 의현
 (仰山慧寂, 814~890)   (臨濟義玄, ?~867)
```

꼬마달마의 마음수업

1판 1쇄 찍은날 2015년 3월 1일
1판 1쇄 펴낸날 2015년 3월 10일

지은이 이지형
일러스트 필몽
펴낸이 정종호
펴낸곳 (주)청어람미디어

책임편집 정미진
편집 김희정 윤정원 오현미
디자인 정은경디자인
마케팅 김상기
제작·관리 정수진
인쇄·제본 한영문화사

등록 1998년 12월 8일 제22-1469호
주소 121-914 서울시 마포구 상암동 DMC이안상암1단지 402호
이메일 chungaram@naver.com
카페 http://cafe.naver.com/chungarammedia
전화 02)3143-4006~8
팩스 02)3143-4003

ISBN 978-89-97162-86-4 03220

이 도서의 국립중앙도서관 출판시도서목록(CIP)은 e-CIP 홈페이지(www.nl.go.kr/cip.php)에서
이용하실 수 있습니다.(CIP제어번호: CIP 2015004607)